GEORGES
BATAILLE

A literatura e o mal

FILŌBATAILLE

autêntica

GEORGES
BATAILLE

A literatura e o mal

3ª reimpressão

TRADUÇÃO Fernando Scheibe

Copyright © Éditions Gallimard, 1957

Título original: *La littérature et le mal*

Todos os direitos reservados pela Autêntica Editora Ltda. Nenhuma parte desta publicação poderá ser reproduzida, seja por meios mecânicos, eletrônicos, seja via cópia xerográfica, sem a autorização prévia da Editora.

COORDENADOR DA COLEÇÃO FILÔ
Gilson Iannini

CONSELHO EDITORIAL
Gilson Iannini (UFOP); *Barbara Cassin* (Paris); Carla Rodrigues (UFRJ); *Cláudio Oliveira* (UFF); Danilo Marcondes (PUC-Rio); *Ernani Chaves* (UFPA); Guilherme Castelo Branco (UFRJ); *João Carlos Salles* (UFBA); *Monique David-Ménard* (Paris); Olímpio Pimenta (UFOP); *Pedro Süssekind* (UFF); Rogério Lopes (UFMG); *Rodrigo Duarte* (UFMG); Romero Alves Freitas (UFOP); *Slavoj Žižek* (Liubliana); Vladimir Safatle (USP)

EDITORA RESPONSÁVEL
Rejane Dias

EDITORA ASSISTENTE
Cecilia Martins

PROJETO GRÁFICO
Diogo Droschi

REVISÃO
Aline Sobreira
Lívia Martins

DIAGRAMAÇÃO
Christiane Morais de Oliveira

CAPA
Alberto Bittencourt

Dados Internacionais de Catalogação na Publicação (CIP)
(Câmara Brasileira do Livro, SP, Brasil)

Bataille, Georges, 1897-1962.
 A literatura e o mal / Georges Bataille ; tradução Fernando Scheibe.
1. ed.; 3. reimp. -- Belo Horizonte : Autêntica, 2022 -- (FILÔ/Bataille).

Título original: La littérature et le mal
ISBN 978-85-8217-793-8

1. Literatura moderna - História e crítica 2. Mal na literatura I. Título.

15-09262   CDD-809

Índices para catálogo sistemático:
1. Literatura moderna : História e crítica 809

Belo Horizonte
Rua Carlos Turner, 420
Silveira . 31140-520
Belo Horizonte . MG
Tel.: (55 31) 3465 4500

São Paulo
Av. Paulista, 2.073 . Conjunto Nacional
Horsa I . Sala 309 . Cerqueira César
01311-940 . São Paulo . SP
Tel.: (55 11) 3034 4468

www.grupoautentica.com.br
SAC: atendimentoleitor@grupoautentica.com.br

7. Nota do tradutor
9. Preâmbulo

Emily Brontë

14. O erotismo é a aprovação da vida até na morte
15. A infância, a razão e o Mal
18. Emily Brontë e a transgressão
22. A literatura, a liberdade e a experiência mística
26. A significação do Mal

Baudelaire

31. O homem não pode se amar até o fim se não se condena
35. O mundo prosaico da atividade e o mundo da poesia
39. A poesia é sempre, em certo sentido, um contrário da poesia
42. Baudelaire e a estátua do impossível
45. A significação histórica de *As flores do mal*
52. *Apêndice ao capítulo sobre Baudelaire*

Michelet

64. O sacrifício
68. O malefício e a missa negra
70. O Bem, o Mal, o *valor* e a vida de Michelet

William Blake

75. A vida e a obra de William Blake
79. A soberania da poesia
80. A mitologia de Blake interpretada pela psicanálise de Jung
83. A luz lançada sobre o Mal: *O casamento do Céu e do Inferno*
88. Blake e a Revolução Francesa
93. *Apêndice ao capítulo sobre William Blake*

Sade

100. Sade e a Tomada da Bastilha
104. A vontade de destruição de si
105. O pensamento de Sade
110. O frenesi sádico

113. Do desencadeamento à consciência clara

117. A poesia do destino de Sade

118. *Apêndice ao capítulo sobre Sade*

Proust

125. O amor pela verdade e pela justiça e o socialismo de Marcel Proust

128. A moral ligada à transgressão da lei moral

130. O gozo fundado no sentido criminoso do erotismo

134. Justiça, verdade e paixão

137. *Apêndice ao capítulo sobre Proust*

Kafka

143. É preciso queimar Kafka?

144. Kafka, a terra prometida e a sociedade revolucionária

145. A perfeita puerilidade de Kafka

147. A manutenção da situação infantil

151. O universo alegre de Franz Kafka

154. A feliz exuberância da criança se reencontra no movimento de liberdade soberana da morte

155. Justificação da hostilidade dos comunistas

157. Mas o próprio Kafka concorda

158. *Apêndice ao capítulo sobre Kafka*

Genet

167. Genet e o estudo de Sartre sobre ele

170. A consagração sem reserva ao Mal

171. A soberania e a santidade do Mal

175. O deslize para a traição e para o Mal sórdido

178. O impasse de uma transgressão ilimitada

181. A comunicação impossível

185. O fracasso de Genet

187. Consumação improdutiva e sociedade feudal

189. A liberdade e o Mal

190. A comunicação autêntica, a impenetrabilidade de tudo "o que é" e a soberania

192. A soberania traída

Nota do tradutor

Os textos que compõem *A literatura e o mal* foram escritos por Bataille ao longo de uma década: de 1946, ano de fundação da revista *Critique*, a 1957, ano de publicação do livro. À exceção do ensaio sobre Michelet, prefácio a uma reedição de *La Sorcière* (A bruxa), de 1946, todos tiveram uma primeira versão publicada na revista.

Nem por isso o livro deixa de ter sua arquitetura. É interessante notar, por exemplo, a relação simetricamente inversa entre a figura de Emily Brontë, a mocinha vitoriana que nunca saiu da redoma de um presbitério, mas que soube, como ninguém, *comunicar* o *mal* (figura que abre o livro), e a de Jean Genet, que o fecha, escritor que, segundo Bataille, por mais que tenha se entregado de corpo e alma ao *mal*, jamais foi capaz de *comunicá-lo*. Tampouco parece fruto do acaso a posição central que ocupam no livro William Blake e Sade – e, com eles, a Revolução Francesa.

A edição francesa[1] utilizada como base para esta tradução traz uma grande quantidade de notas de fim de livro que apontam as pequenas e grandes variações existentes entre as versões publicadas em *Critique* ou presentes nos manuscritos de Bataille e as versões finais de cada texto. No intuito de valorizar esse material, editei, por assim dizer, essas notas, ora incorporando-as como notas de rodapé (as mais curtas), ora transformando-as (as mais longas) em apêndices aos capítulos a que se referem.

---

[1] BATAILLE, Georges. *La Littérature et le mal*. Paris: Gallimard, 2010. Edição que reproduz as notas estabelecidas por Denis Hollier e Dominique Lemann na edição das *Œuvres complètes* de Georges Bataille, tomo IX.

Preâmbulo

A geração a que pertenço é tumultuosa.

Ela nasceu para a vida literária nos tumultos do surrealismo. Houve, nos anos que se seguiram à primeira guerra, um sentimento que transbordava. A literatura sufocava em seus limites. Parecia carregar em si uma revolução.

Estes estudos, cuja coerência se impõe a mim, foi um homem de idade madura que os compôs.

Mas seu sentido profundo está relacionado ao tumulto de sua juventude, de que são o eco abafado.

É significativo, a meus olhos, que tenham (ao menos suas primeiras versões) sido em parte publicados na revista Critique, *revista cuja fortuna se deve a seu caráter sério.*

Devo apontar, no entanto, que, se, às vezes, tive de reescrevê-los, foi porque, nos tumultos persistentes de meu espírito, não pude dar inicialmente a minhas ideias mais que uma expressão obscura. O tumulto é fundamental, é o sentido deste livro. Mas é tempo de chegar à clareza da consciência.

É tempo... Às vezes parece mesmo que o tempo falta. Ao menos o tempo urge.

Estes estudos correspondem a meu esforço para desentranhar o sentido da literatura... A literatura é o essencial, ou não é nada. O Mal – uma forma aguda do Mal – de que ela é a expressão tem para nós, acredito, o valor soberano. Mas essa concepção não prescreve a ausência de moral, ela exige uma "hipermoral".

A literatura é comunicação. *A comunicação requer a lealdade: a moral rigorosa é dada nessa perspectiva a partir de cumplicidades no conhecimento do Mal, que fundam a comunicação intensa.*

A literatura não é inocente e, culpada, devia, no fim, confessar-se tal. Só a ação tem direitos. A literatura, eu o quis, lentamente, demonstrar, é a infância enfim reencontrada. Mas a infância que governasse teria uma verdade? Diante da necessidade da ação, impõe-se a honestidade de Kafka, que não se atribuía nenhum direito. Seja qual for o ensinamento que se depreende dos livros de Genet, a defesa que Sartre faz dele não é aceitável. No fim, a literatura tinha de se declarar culpada.[1]

---

[1] Falta a esse conjunto um estudo sobre *Os cantos de Maldoror*. Mas ele era tão óbvio que, a rigor, seria supérfluo. Talvez seja útil, mesmo assim, dizer das *Poesias* que elas correspondem à minha posição. As *Poesias* de Lautréamont não são justamente a literatura se "declarando culpada"? Elas surpreendem, mas, se são inteligíveis, não seria do meu ponto de vista? [No manuscrito do livro há mais uma frase no preâmbulo: "Uma convicção nascerá, espero, de estudos sobre os quais direi pessoalmente que me deixam *no cúmulo do despertar*", e esta nota: "Em dois destes estudos – sobre Baudelaire e sobre Genet – parti de livros de Sartre, de cujo pensamento tive de tomar o contrapé. Aquilo que vi foi o que Sartre não quis ver, em seu afastamento da poesia e de uma verdade fundamental dada na *comunicação* dos espíritos". (N.E.)]

Emily Brontë[1]

---

[1] A primeira versão deste texto foi publicada na revista *Critique* (n. 117, fev. 1957) sob o título "Emily Brontë et le mal" [Emily Brontë e o mal], como resenha do livro de Jacques Blondel, *Emily Brontë: expérience spirituelle et création poétique* [Emily Brontë: experiência espiritual e criação poética]. Paris: P.U.F., 1955. (N.E.)

Entre todas as mulheres, Emily Brontë parece ter sido objeto de uma maldição privilegiada. Sua curta vida só foi infeliz moderadamente. Mas, mesmo com sua pureza moral intacta, ela teve do abismo do Mal uma experiência profunda. Ainda que poucos seres tenham sido mais rigorosos, mais corajosos, mais corretos, ela foi até o fundo do conhecimento do Mal.

Foi a tarefa da literatura, da imaginação, do sonho. Sua vida, terminada aos 30 anos, manteve-a afastada de todo o possível. Ela nasceu em 1818 e quase não saiu do presbitério de Yorkshire, no campo, em meio às charnecas, onde a rudeza da paisagem combinava com a do pastor irlandês que não soube lhe dar mais que uma educação austera, a que faltava a doçura materna. Sua mãe morreu muito cedo, e suas duas irmãs também eram rigorosas. Só um irmão extraviado mergulhou no romantismo do infortúnio. Sabe-se que as três irmãs Brontë viveram, ao mesmo tempo, na austeridade de um presbitério e no tumulto fervente da criação literária. Uma intimidade cotidiana as unia, sem, contudo, que Emily deixasse de preservar a solidão moral em que se desenvolviam os fantasmas de sua imaginação. Fechada, ela parece ter sido por fora a doçura em pessoa, boa, ativa, devotada. Viveu numa espécie de silêncio que só a literatura, exteriormente, rompeu. Na manhã de sua morte, em seguimento a uma breve doença pulmonar, levantou-se como de costume, desceu para o meio dos seus familiares, nada disse e, sem ter voltado para a cama, soltou seu último suspiro antes do meio-dia. Durante a doença, não quis ver nenhum médico.

Deixava um pequeno número de poemas e um dos mais belos livros da literatura de todos os tempos, *Wuthering Heights*.[2]

Talvez a mais bela, a mais profundamente violenta das histórias de amor...

Pois o destino, que, ao que tudo indica, quis que Emily Brontë, embora fosse bela, ignorasse o amor absolutamente, quis também que ela tivesse da paixão um conhecimento angustiado: esse conhecimento que não liga o amor apenas à clareza, mas à violência e à morte – porque a morte é aparentemente a verdade do amor. Assim como o amor é a verdade da morte.

O erotismo é a aprovação da vida até na morte

Devo, ao falar de Emily Brontë, ir até o fundo de uma afirmação primordial.

O erotismo é, acredito, a aprovação da vida até na morte. A sexualidade implica a morte, não apenas no sentido de que os recém-nascidos prolongam e sucedem aos mortos, mas também porque coloca em jogo a vida do ser que se reproduz. Reproduzir-se é desaparecer, e os seres assexuados mais simples se sutilizam ao se reproduzirem. Eles não morrem, se por morte entende-se a passagem da vida à decomposição, mas aquele que era, ao se reproduzir, deixa de ser aquele que ele era (já que se torna duplo). A morte individual não é mais que um aspecto do excesso proliferador do ser. A própria reprodução sexuada é apenas um aspecto, o mais complicado, da imortalidade da vida garantida na reprodução assexuada. Da imortalidade, mas ao mesmo tempo da morte individual. Nenhum animal pode atingir a reprodução sexuada sem se abandonar ao movimento cuja forma consumada é a morte. De todo modo, o fundamento da efusão sexual é a negação do

---

[2] Sabe-se que *Wuthering Heights* foi primeiro traduzido para o francês sob o título *Les Hauts de Hurlevent* [algo como "Os Altos de Urravento"] (tradução de Delebecque). "Wuthering Heights" significa na verdade *Les hauts où le vent fait rage* [Os altos onde o vento entra em fúria], e é o nome da casa isolada, da casa maldita, centro da narrativa. [Como também se sabe, em português, a tradução mais consagrada do título é *O morro dos ventos uivantes*. (N.T.)]

isolamento do *eu*, que só chega ao desfalecimento ao se exceder, ao se ultrapassar no enlace em que a solidão do ser se perde. Quer se trate de erotismo puro (de amor-paixão), quer de sensualidade dos corpos, a intensidade é maior na medida em que a destruição, a morte do ser transparecem. Aquilo a que chamam vício decorre dessa profunda implicação da morte. E o tormento do amor desencarnado é tanto mais simbólico da verdade última do amor já que é a morte daqueles que ele une que os aproxima e atinge.

De nenhum amor entre seres mortais isso pode ser dito mais apropriadamente do que da união dos heróis de *Wuthering Heights*, Catherine Earnshaw e Heathcliff. Ninguém expôs essa verdade com mais força que Emily Brontë. Não que ela a tenha pensado sob a forma explícita que, do meu jeito pesadão, lhe atribuo. Mas porque ela sentiu e exprimiu isso *mortalmente*, de certa forma divinamente.

A infância, a razão e o Mal

O arrebatamento mortal de *Wuthering Heights* é tão forte que seria vão, a meu ver, falar dele sem esgotar, se for possível, a questão que esse livro colocou.

Aproximei o vício (que foi – que inclusive permanece –, numa maneira de ver difundida, a forma significativa do Mal) dos tormentos do amor mais puro.

Essa aproximação paradoxal dá ensejo a lamentáveis confusões; vou me esforçar para justificá-la.

De fato, *Wuthering Heights*, embora os amores de Catherine e Heathcliff deixem a sensualidade em suspenso, coloca, a respeito da paixão, a questão do Mal. Como se o Mal fosse o meio mais forte de expor a paixão.

Se excetuamos as formas sádicas do vício, o Mal, encarnado no livro de Emily Brontë, aparece talvez sob sua forma mais perfeita.

Não podemos tomar por expressivas do Mal aquelas ações cujo fim é um benefício, uma vantagem material. Esse benefício, decerto, é egoísta, mas isso importa pouco se esperamos dele outra coisa que não o próprio Mal: uma vantagem. Ao passo que, no sadismo, trata-se de gozar com a destruição contemplada, a destruição mais amarga sendo a morte do ser humano. É o sadismo que é o Mal: se matamos por uma vantagem material, não é o verdadeiro Mal, o mal puro, a menos que o assassino, para além da vantagem com que conta, goze simplesmente por golpear.

Para melhor representar o quadro do Bem e do Mal, remontarei à situação fundamental de *Wuthering Heights*, à infância, de que data, em sua integridade, o amor de Catherine e Heathcliff. É a vida passada em corridas selvagens pela charneca, no abandono das duas crianças, que então não era refreado por nenhuma restrição, nenhuma convenção (senão aquela que se opõe aos jogos da sensualidade; mas, em sua inocência, o amor indestrutível das duas crianças se situava num outro plano). Talvez mesmo, esse amor seja redutível à recusa de renunciar à liberdade de uma infância selvagem, que as leis da sociabilidade e da polidez convencional não tinham corrigido. As condições dessa vida selvagem (exterior ao mundo) são elementares. Emily Brontë as torna sensíveis – são as próprias condições da poesia, de uma poesia sem premeditação, a que ambas as crianças se recusaram a se fechar. Aquilo que a sociedade opõe ao livre jogo da ingenuidade é a razão fundada no cálculo do interesse. A sociedade se organiza de maneira a tornar possível sua própria duração. A sociedade não poderia viver caso se impusesse a ela a soberania desses movimentos impulsivos da infância, que tinham unido as crianças num sentimento de cumplicidade. A coação social teria exigido dos jovens selvagens que abandonassem sua soberania ingênua, que se dobrassem às razoáveis convenções dos adultos: razoáveis, calculadas de tal maneira que a vantagem da coletividade resulte delas.

A oposição é fortemente marcada no livro de Emily Brontë. Como diz Jacques Blondel,[3] devemos notar que, na narrativa, "os sentimentos se fixam durante a infância na vida de Catherine e Heathcliff". Mas se, por sorte, as crianças têm o poder de esquecer por um tempo o mundo dos adultos, a esse mundo, entretanto, estão prometidas. A catástrofe sobrevém. Heathcliff, o menino encontrado,

---

[3] BLONDEL, *Emily Brontë*, p. 406. [No artigo da revista *Critique,* a nota prossegue assim: "Quero dizer desde logo o quanto gostei do livro de Jacques Blondel. É um estudo sistemático, muito detalhado, de todas as questões colocadas pela vida e pela obra de Emily Brontë. É um trabalho paciente, frequentemente profundo, que esgota, ao que parece, as possibilidades da análise tradicional. Lamento apenas que, por vezes, a exposição sobrecarregada provoque um sentimento de confusão e que o aspecto sistemático, retilíneo, do exame seja muito berrante". (N.E.)]

é forçado a fugir do reino maravilhoso das corridas com Catherine na charneca. E apesar de sua duradoura rudeza, esta renega a selvageria de sua infância: deixa-se atrair por uma vida abastada, a cuja sedução cede, na pessoa de um jovem, rico e sensível cavalheiro. Para dizer a verdade, o casamento de Catherine com Edgar Linton tem um valor ambíguo. Não é uma autêntica degradação. O mundo de Thrushcross Grange, onde, perto de Wuthering Heights, vivem Linton e Catherine, não é no espírito de Emily Brontë um mundo solidificado. Linton é generoso, não renunciou à altivez natural da infância, mas faz concessões. Sua soberania se eleva acima das condições materiais de que dispõe, mas se não fosse seu acordo profundo com o mundo solidificado da razão, não poderia dispor delas. Heathcliff tem, portanto, razões, ao voltar rico de uma longa viagem, para pensar que Catherine traiu o reino absolutamente soberano da infância, ao qual, de corpo e alma, ela *pertencia* com ele.

Acompanhei, desajeitadamente, um relato em que a violência desenfreada de Heathcliff se exprime na calma e na simplicidade da narradora...

O tema do livro é a revolta do maldito expulso de seu reino pelo destino e que nada refreia em seu desejo ardente de reencontrar o reino perdido.

Não darei em detalhe uma sequência de episódios, cuja intensidade fascina. Limito-me a recordar que não há lei nem força, convenção nem piedade que detenha por um instante o furor de Heathcliff: nem a própria morte, já que ele é, sem remorsos e apaixonadamente, a causa da doença e da morte de Catherine, que, no entanto, considera sua.

Vou me deter no sentido moral da revolta nascida da imaginação e do sonho de Emily Brontë.

Essa revolta é a revolta do Mal contra o Bem.

Ela é terminantemente insensata.

O que quer dizer esse reino da infância a que a vontade demoníaca de Heathcliff se recusa a renunciar senão o *impossível* e a morte? Contra esse mundo real, que a razão domina, que a vontade de subsistir funda, há duas possibilidades de revolta. A mais comum, a atual, traduz-se na contestação de seu caráter racional. É fácil ver que o princípio desse mundo real não é verdadeiramente a razão, mas a razão aliada ao arbitrário, resultante das violências ou dos movimentos pueris do passado. Semelhante revolta expõe a luta do Bem contra o Mal, representado por essas violências ou esses movimentos vãos. Heathcliff julga o mundo a que se opõe: por certo, não pode identificá-lo ao Bem, já que o combate. Mas se o combate com raiva, é, ainda assim, lucidamente: sabe que esse mundo representa o Bem e a razão. Odeia a humanidade e a bondade, que provocam sarcasmos nele. Considerado fora da narrativa – e do encanto da narrativa –, seu caráter parece até artificial, fabricado. Mas ele procede do sonho, não da lógica do autor. Não há na literatura romanesca personagem que se imponha mais realmente, e mais simplesmente, que Heathcliff; embora encarne uma verdade primordial, a verdade da criança revoltada contra o mundo do Bem, contra o mundo dos adultos, e, através de sua revolta irrestrita, votada ao partido do Mal.

Não há, nessa revolta, lei que Heathcliff não se compraza em transgredir. Quando percebe que a cunhada de Catherine está apaixonada por ele, imediatamente esposa-a, a fim de fazer ao marido de Catherine o máximo de mal possível. Rapta-a e, assim que se casa com ela, ultraja-a; então, tratando-a cruelmente, leva-a ao desespero. Não é sem razão que Jacques Blondel[4] aproxima estas duas frases, uma de Sade, a outra de Emily Brontë. Sade atribui a um dos carrascos de *Justine* este enunciado: "Que ação voluptuosa a ação da destruição. Não conheço outra que excite tão deliciosamente; não há êxtase semelhante ao que se experimenta entregando-se a essa divina infâmia". Emily Brontë, por sua vez, faz Heathcliff dizer: "Se tivesse nascido num país onde as leis fossem menos rigorosas e os gostos menos delicados, eu me ofereceria o prazer de proceder a uma lenta vivissecção desses dois seres, para passar a noite me divertindo".

Emily Brontë e a transgressão

Por si só, a invenção de um personagem tão perfeitamente devotado ao Mal representaria, da parte de uma mocinha moral e sem experiência, um paradoxo. Mas, sobretudo, eis por que a invenção de Heathcliff é perturbadora.

---

[4] BLONDEL. *Emily Brontë*, p. 386.

Catherine Earnshaw é uma pessoa absolutamente moral. Tanto que morre por não poder se desligar daquele que amava quando criança. Mas, mesmo sabendo que o Mal está intimamente nele, ama-o a ponto de pronunciar a frase decisiva: "*I am Heathcliff*" ("Eu sou Heathcliff").

Dessa maneira, o Mal, considerado autenticamente, não é apenas o sonho do mau; é também, de certo modo, o sonho do Bem. A morte é a punição, buscada, acolhida, desse sonho insensato, mas nada pode fazer com que esse sonho não seja sonhado. Ele o foi pela infeliz Catherine Earnshaw. Mas, na mesma medida, deve-se dizer que ele o foi por Emily Brontë. Como duvidar de que Emily Brontë, que morreu por ter vivido os estados que descreveu, tenha se identificado de alguma maneira com Catherine Earnshaw?

Há em *Wuthering Heights* um movimento comparável ao da tragédia grega, no sentido de que o tema desse romance é a transgressão trágica da lei. O autor da tragédia estava de acordo com a lei cuja transgressão descrevia, mas fundava a emoção na simpatia que sentia e, sentindo, comunicava, pelo transgressor da lei. A expiação está, nos dois casos, implicada na transgressão. Heathcliff conhece, antes de morrer, no momento em que está morrendo, uma estranha beatitude, mas essa beatitude apavora, é trágica. Catherine, amando Heathcliff, morre por ter infringido, senão na carne, em seu espírito, a lei da fidelidade; e a morte de Catherine é o "perpétuo tormento" que Heathcliff deve suportar como punição à sua violência.

A lei em *Wuthering Heights*, como na tragédia grega, não é denunciada em si mesma, mas aquilo que ela proíbe não é um domínio onde o homem não tenha nada a fazer. O domínio proibido é o domínio trágico, ou melhor, sagrado. É verdade, a humanidade o exclui, mas para magnificá-lo. O interdito diviniza aquilo cujo acesso proíbe. Subordina esse acesso à expiação – à morte –, mas o interdito não deixa de ser um convite, ao mesmo tempo que um obstáculo. O ensinamento de *Wuthering Heights*, o da tragédia grega – e, no fundo, de toda religião –, é de que há um movimento de divina embriaguez que o mundo racional dos cálculos não pode suportar. Esse movimento é contrário ao Bem. O Bem se funda na preocupação com o interesse comum, que implica, de uma maneira essencial, a consideração do futuro. A divina embriaguez, a que se aparenta o "movimento impulsivo" da infância, é e está inteiramente no presente. Na educação das crianças, a preferência pelo instante presente é a definição comum do Mal. Os adultos proíbem àqueles que devem chegar à "maturidade" o divino reino da infância. Mas a condenação do instante presente em proveito do futuro, embora inevitável, torna-se uma aberração se for derradeira. Tanto quanto proibir seu acesso fácil e perigoso, é necessário reencontrar o domínio do instante (o reino da infância), e isso exige a transgressão temporária do interdito.

A transgressão temporária é ainda mais livre se o interdito é tido por intangível. Assim, Emily Brontë – e Catherine Earnshaw –, que nos aparecem ambas sob a luz da transgressão – e da expiação –, estão mais próximas da hipermoral que da simples moral. É uma hipermoral que está na origem do desafio à moral que é *em primeiro lugar* o sentido de *Wuthering Heights*. Sem se servir da concepção geral introduzida aqui, Jacques Blondel percebeu também essa relação. "Emily Brontë", escreve ele, "revela-se capaz dessa emancipação que a libera de todo e qualquer preconceito de ordem ética ou social. Assim se desenvolvem diversas vidas, como um feixe múltiplo, cada uma, se pensamos nos principais antagonistas do drama, traduzindo uma liberação total em relação à sociedade e à moral. Há uma vontade de ruptura com o mundo, para melhor abarcar a vida em sua plenitude e descobrir na criação artística aquilo que a realidade recusa. É o despertar, a colocação em jogo propriamente dita, de virtualidades ainda insuspeitadas. Que essa liberação seja necessária a todo artista é incontestável; *ela pode ser sentida mais intensamente naqueles em quem os valores éticos estão mais fortemente ancorados*".[5] É enfim esse acordo íntimo entre a transgressão da lei moral e a hipermoral que é o *sentido último* de *Wuthering Heights*. Jacques Blondel também descreveu detalhadamente[6] o mundo religioso – protestantismo influenciado pelas lembranças de um metodismo exaltado – onde se formou a jovem Emily Brontë. A tensão moral e o rigor sufocavam esse mundo. Contudo, o rigor posto em jogo na atitude de Emily Brontë difere daquele sobre o qual se fundava a tragédia grega. A tragédia está no nível dos interditos religiosos elementares, como o do assassinato ou do incesto, que a razão não justifica. Emily Brontë tinha se emancipado da ortodoxia; ela se afastou da simplicidade e da ingenuidade cristãs, mas participava do espírito religioso de sua família. Sobretudo na medida em que o cristianismo significa uma estrita

---

[5] BLONDEL. *Emily Brontë*, p. 406. Sublinhado por mim.

[6] BLONDEL. *Emily Brontë*, p. 109-118.

fidelidade ao Bem, fundado pela razão. A lei que Heathcliff viola – e que, amando-o mesmo contra sua vontade, Catherine Earnshaw viola com ele – é em primeiro lugar a lei da razão. É no mínimo a lei de uma coletividade que o cristianismo fundou sobre um acordo entre o interdito religioso primitivo, o sagrado, e a razão.[7] Deus, fundamento do sagrado, escapa, em parte, no cristianismo, dos movimentos de violência arbitrária que, nos tempos mais antigos, fundavam o mundo divino. Um deslize começara nessas condições: aquilo que o interdito primitivo exclui essencialmente é a violência (na prática, a razão tem o mesmo sentido que o interdito, o próprio interdito primitivo tem, na verdade, uma conformidade longínqua com a razão). Há um equívoco, no cristianismo, entre Deus e a razão – equívoco que, aliás, alimenta o mal-estar: daí o esforço em sentido contrário do jansenismo,[8] por exemplo. Aquilo que, ao sair do longo equívoco cristão, explode na atitude de Emily Brontë é, graças a uma solidez moral intangível, o sonho de uma violência sagrada que nenhuma concessão, nenhum acordo com a sociedade organizada atenuaria.

O caminho do reino da infância – cujos movimentos procedem da ingenuidade e da inocência – é reencontrado, desse modo, *no horror da expiação*.

A pureza do amor é reencontrada em sua verdade íntima, que, como já disse, é a verdade da morte.

A morte e o *instante* de uma embriaguez divina se confundem na medida em que ambos se opõem às intenções do Bem, fundadas no cálculo da razão. Mas, opondo-se a eles, a morte e o instante são o fim último e o resultado de todos os cálculos. E a morte é o signo do instante, que, na medida em que é o instante, renuncia à busca calculada da duração. O instante do ser individual novo dependeu da morte dos seres desaparecidos. Se estes não tivessem desaparecido, não haveria lugar para os novos. A reprodução e a morte são as condições para a renovação imortal da vida; as condições para o instante sempre novo. É por isso que só podemos ter uma visão trágica do encantamento da vida, mas é por isso também que a tragédia é o signo do encantamento.

---

[7] É claro que, nos limites do cristianismo, a razão transige com as convenções sociais, expressivas de abusos.

[8] Os jansenistas valorizavam mais a graça do que a razão. (N.E.)

Pode ser que todo o romantismo anuncie isso,[9] mas, entre todas, a que o anuncia mais humanamente é a obra-prima tardia que é *Wuthering Heights*.

A literatura, a liberdade e a experiência mística

O mais notável nesse movimento é que tal ensinamento não se endereça, como o do cristianismo – ou da religião antiga –, a uma coletividade organizada da qual se tornaria o fundamento. Ele se dirige ao indivíduo, isolado e perdido, a quem não dá nada senão no instante: ele é apenas *literatura*. É a literatura, livre e inorgânica, que é sua via. Por isso, ele tende menos que o ensinamento da sabedoria pagã, ou da Igreja, a transigir com a necessidade social, representada muitas vezes por convenções (ou seja, abusos), mas também pela razão. Só a literatura podia desnudar o jogo da transgressão da lei – sem a qual a lei não teria fim – *independentemente de uma ordem a criar*. A literatura não pode assumir a tarefa de organizar a necessidade coletiva. Não cabe a ela concluir: "aquilo que eu disse nos obriga ao respeito fundamental pelas leis da cidade"; ou, como faz o cristianismo: "aquilo que eu disse (a tragédia do Evangelho) nos coloca na via do Bem" (ou seja, na prática, da razão). A literatura é mesmo, como a transgressão da lei moral, um perigo.

Sendo inorgânica, ela é irresponsável. Nada repousa sobre ela. Ela pode dizer tudo.

Ou, antes, ela seria um grande perigo se não fosse (na medida em que é *autêntica*, e em seu conjunto) a expressão daqueles "em quem os valores éticos estão mais fortemente ancorados". Não fica claro, nesse sentido, que o aspecto da revolta seja frequentemente o mais visível, mas a tarefa literária autêntica só é concebível no desejo de uma comunicação fundamental com o leitor. (Não falo da massa dos livros destinados a ludibriar, a baixo custo, o grande público.)

Na verdade, aquilo de que está próxima a literatura, ligada desde o romantismo à decadência da religião (na medida em que, sob uma forma menos importante, menos inevitável, ela tende a reivindicar, discretamente, a herança da religião), é menos o conteúdo da religião

---

[9] Jacques Blondel apontou tudo aquilo que Emily Brontë devia ao romantismo, principalmente a Byron, que certamente ela leu.

que o do misticismo, que é, à margem da religião, um aspecto quase associal desta. Da mesma forma, o misticismo está mais próximo da verdade que me esforço por enunciar. Sob o nome de misticismo, não designo os sistemas de pensamento aos quais é dado esse nome vago: penso na "experiência mística", nos "estados místicos" experimentados na solidão. Nesses estados, podemos conhecer uma verdade diferente das que estão ligadas à percepção dos objetos (e, a seguir, do sujeito; ligadas, enfim, às consequências intelectuais da percepção). Mas essa verdade não pode ser formalizada. O discurso coerente não pode dar conta dela. Ela seria mesmo incomunicável se não pudéssemos abordá-la por duas vias: a poesia e a descrição das condições em que é comum se chegar a esses estados.

De uma maneira decisiva, essas condições correspondem aos temas de que falei, que fundam a emoção literária autêntica. É sempre a morte – ou, ao menos, a ruína do indivíduo isolado à procura da felicidade na duração – que introduz a ruptura sem a qual ninguém chega ao estado de arrebatamento.[10] O que é reencontrado nesse movimento de ruptura e de morte é sempre a inocência e a embriaguez do ser. O ser isolado *se perde* em outra coisa que não ele. Pouco importa como essa "outra coisa" é representada. Trata-se sempre de uma realidade que supera os limites comuns. Tão profundamente ilimitada que sequer se trata de uma coisa: não é *nada*. "Deus é Nada",[11] enuncia Eckhart. No domínio da vida comum, o próprio "ser amado" não é a suspensão dos limites dos outros (o único ser em que não sentimos mais, em que sentimos menos, os limites do indivíduo acuado num isolamento que o faz definhar)? Aquilo que pertence em particular ao estado místico é a tendência a suprimir radicalmente – sistematicamente – a imagem

---

[10] A mística cristã se funda na "morte de si mesmo". A mística oriental tem os mesmos fundamentos. "Para a Índia", escreve Mircea Eliade, "o conhecimento metafísico se traduz em termos de ruptura e de morte [...] [e] esse conhecimento implica [...] uma sequência de natureza mística [...] O yogi se esforça por se dessolidarizar da condição profana [...] sonha em 'morrer para esta vida'. De fato, assistimos a uma *morte* seguida de *renascimento*, a um outro modo de ser: aquele que é representado pela libertação" (ELIADE, Mircea. *Le Yoga: immortalité et liberté*. Paris: Payot, 1954. p. 18-19). [Edição brasileira, *Yoga: imortalidade e liberdade*. Tradução de Teresa de Barros Velloso. São Paulo: Palas Atena, 2012.]

[11] Para manter a distinção entre as duas maneiras de dizer "nada" em francês, *rien* e *néant*, decidi traduzir *néant* (que tem um valor mais substantivo) sempre por "Nada", com iniciais maiúsculas. (N.T.)

múltipla do mundo onde se situa a existência individual em busca da duração. Num movimento imediato (como aquele da infância ou da paixão), o esforço não é sistemático: a ruptura dos limites é passiva, não é o efeito de uma vontade intelectualmente tensionada. A imagem desse mundo carece simplesmente de coerência, ou, se já encontrou sua coesão, a intensidade da paixão a excede: é verdade que a paixão busca a duração do gozo experimentado na perda de si, mas seu primeiro movimento não é o esquecimento de si pelo outro? Não podemos duvidar da unidade fundamental de todos os movimentos pelos quais escapamos ao cálculo do interesse, nos quais experimentamos a intensidade do instante presente. O misticismo escapa da espontaneidade da infância, assim como da condição acidental da paixão. Mas toma emprestada a expressão dos transes ao vocabulário do amor, e a contemplação liberada da reflexão discursiva tem a simplicidade de uma risada de criança.

É, acredito, decisivo insistir nos aspectos similares de uma tradição literária moderna e da vida mística. A aproximação se impõe, aliás, quando se trata de Emily Brontë.

Em particular, o livro recente de Jacques Blondel postula expressamente sua *experiência mística*, como se Emily Brontë houvesse tido, como Teresa d'Ávila, visões, momentos de êxtase. Jacques Blondel talvez postule isso sem grandes razões. Nenhum testemunho, nada de positivo sustenta uma interpretação que, na verdade, ele não faz mais que desenvolver. Outros, antes dele, perceberam traços comuns que aproximavam os estados espirituais de uma Santa Teresa daqueles que Emily Brontë exprimiu em sua poesia. É duvidoso, no entanto, que a autora de *Wuthering Heights* tenha conhecido a metódica descida em si mesmo que é essencialmente, em seu princípio, uma *experiência mística* definida. Jacques Blondel cita certo número de passagens dos poemas. Eles descrevem, de fato, sentimentos agudos e estados d'alma perturbados, que correspondem a todas as possibilidades de uma vida espiritual angustiada, levada à exaltação intensa. Eles exprimem uma experiência infinitamente profunda, infinitamente violenta, das tristezas ou das alegrias da solidão. Nada, para dizer a verdade, permite distinguir claramente semelhante experiência, tal como uma expressão poética por vezes a prepara e impele, de uma busca mais ordenada, submetida aos princípios de uma religião ou, ao menos, de uma representação do mundo (positiva ou negativa). Inclusive, em certo sentido, esses movimentos desvairados, que o acaso conduz e que não se liberam jamais dos dados de uma reflexão disparatada, são por vezes os mais ricos. O mundo que – de uma maneira imprecisa – os poemas nos revelam é certamente imenso e transtornador. Mas não podemos, para defini-lo, assimilá-lo demais ao mundo relativamente conhecido que os grandes místicos descreveram. É um mundo menos calmo, mais selvagem, cuja violência não é reabsorvida numa iluminação lenta e longamente vivida. É, para dizer tudo, um mundo mais próximo do indizível tormento cuja expressão encontramos em *Wuthering Heights*.

> Mas eu não queria perder nenhum sofrimento nem suportar uma tortura menor;
> Quanto mais a angústia suplicia, mais rápido ela abençoa.
> E perdida nas chamas do inferno ou cintilando com um brilho celeste,
> Embora anuncie a Morte, a visão é divina.[12]

Esses versos, a meus olhos, são aqueles que dão a imagem mais forte e mais pessoal do movimento próprio à poesia – descritiva de estados d'alma – de Emily Brontë.

Importa pouco, no final das contas, saber se, nessa via, Emily Brontë conheceu ou não aquilo que nomeamos experiência mística. Mas, dessa experiência, ela atingiu aparentemente o sentido último.

"Tudo leva a crer", escreve André Breton,[13] "que existe um certo ponto do espírito de onde a vida e a morte, o real e o imaginário, o passado e o futuro, o comunicável e o incomunicável deixam de ser percebidos contraditoriamente."

---

[12] "The Prisoner". Esse poema consta, mas incompleto e sem título, do livro *Les Orages du cœur* [As tempestades do coração]. Tradução de Mireille Best. Paris: Seghers, 1950. p. 43-45. Não cito essa tradução, que, versificada, se afasta um pouco do texto. Mas o texto inglês a acompanha. Forneço aqui o último verso do original que o francês traduz mal: "*If it but herald Death, the vision is divine*". ["The Prisoner: A Fragment" foi publicado em 1846, em *Poems by Currer, Ellis, and Acton Bell*. London: Aylott and Jones, 8, Paternoster Row, 1846. Segue a estrofe inteira no original inglês: "*Yet I would lose no sting, would wish no torture less;/The more that anguish racks, the earlier it will bless;/And robed in fires of hell, or bright with heavenly shine,/If it but herald death, the vision is divine!*" (N.E.)]

[13] BRETON, André. Second Manifeste (1930). In: *Les Manifestes du surréalisme*. Paris, Le Sagittaire, 1955. [Edição brasileira: *Manifestos do surrealismo*. Tradução de Sérgio Pachá. Rio de Janeiro: Nau, 2001. Bataille suprimiu um par de opostos na citação: "[...] o comunicável e o incomunicável, *o alto e o baixo*, deixam de ser [...]" (N.E.)]

Acrescentarei: o Bem e o Mal, a dor e a alegria. Esse ponto, uma literatura violenta e a violência da experiência mística o designam ambas. A via pouco importa: só o ponto importa.

Mas importa ainda ver que *Wuthering Heights*, a mais violenta, e a mais poética, das obras de Emily Brontë, é o nome do "alto lugar"[14] onde se revela a verdade. É o nome de uma casa maldita, onde Heathcliff, acolhido, introduz a maldição. Paradoxo impressionante: longe desse lugar maldito, "os seres definham".[15] De fato, a violência que Heathcliff fez reinar ali é ao mesmo tempo princípio de uma infelicidade e de uma felicidade de que só "os violentos se apoderam".[16] O fim da mais que sombria narrativa de Emily Brontë é a brusca aparição de um raio de delicada luz.

Na medida em que a violência estende sua sombra sobre ele, em que o ser vê a morte "bem de frente", a vida é pura graça. Nada pode destruí-la. A morte é a condição de sua renovação.

A significação do Mal

O Mal, nessa coincidência de contrários, não é mais o princípio oposto de uma maneira irremediável à ordem natural que ele é nos limites da razão. A morte sendo a condição da vida, o Mal, que está ligado em sua essência à morte, é também, de uma maneira ambígua, um fundamento do ser. O ser não está destinado ao Mal, mas deve, se assim pode, não se deixar encerrar nos limites da razão. Deve inicialmente aceitar esses limites, precisa reconhecer a necessidade do cálculo do interesse. Mas dos limites, da necessidade que reconhece, deve saber que, nele, uma parte irredutível, uma parte soberana, escapa.

O Mal, aliás, na medida em que traduz a atração pela morte, em que é um desafio, como em todas as formas do erotismo, vê-se sempre

---

[14] A locução nominal *haut lieu*, em francês, faz referência direta ao sagrado ("os 'altos lugares' onde os judeus faziam seus sacrifícios", exemplifica o *Grand Robert*) e à hierarquia, no sentido de "alto escalão" ou de "lugar nobre". (N.T.)

[15] BLONDEL, J. *Emily Brontë*, p. 389.

[16] "[...] *que seuls 'les violents ravissent'*". Bataille cita a tradução consagrada em francês de Mateus 11,12, trecho assim traduzido na *Bíblia de Jerusalém* (São Paulo: Paulinas, 1991. p. 1858): "Desde os dias de João Batista até agora, o Reino dos céus sofre violência, e violentos se apoderam dele". (N.T.)

condenado de maneira ambígua. Há o Mal assumido gloriosamente, como o faz a guerra, em condições que se revelam hoje em dia irremediáveis. Mas a guerra tem o imperialismo como consequência... Seria, aliás, vão dissimular que, no Mal, sempre aparece um deslize para o pior, que justifica a angústia e a repugnância. Não é menos verdade que o Mal, considerado à luz de uma atração desinteressada pela morte, difere do mal cujo sentido é o interesse egoísta. Uma ação criminosa "crapulosa" se opõe à "passional". A lei rejeita ambas, mas a literatura mais humana é o alto lugar da paixão. Nem por isso a paixão escapa da maldição: só uma "parte maldita" é reservada àquilo que, numa vida humana, tem o sentido mais carregado.[17] A maldição é o caminho da bênção menos ilusória.

Um ser altivo aceita *lealmente* as piores consequências de seu desafio. Por vezes até precisa ir ao encontro delas. A "parte maldita" é a parte do jogo, da álea, do perigo. É ainda a parte da soberania, mas a soberania se expia. O mundo de *Wuthering Heights* é o mundo de uma soberania hirsuta e hostil. É também o mundo da expiação. Realizada a expiação, o sorriso a que essencialmente a vida permanece igual ali transparece.

---

[17] Em *La Part maudite* (Paris: Les Éditions de Minuit, 1949 [Edição brasileira: *A parte maldita*. Precedida de "A noção de dispêndio". Tradução de Júlio Castañon Guimarães. Belo Horizonte: Autêntica, 2013]), tentei representar os fundamentos que essa maneira de ver tem na história das religiões e da economia.

Baudelaire[1]

---

[1] Primeira versão no número 8-9 da revista *Critique* (jan.-fev. 1947) sob o título: "Baudelaire 'mis à nu': l'analyse de Sartre et l'essence de la poésie" [Baudelaire "desnudado": a análise de Sartre e a essência da poesia]. Nos manuscritos, o artigo chegou também a se chamar "Baudelaire ou Sartre? Sartre instruit le procès de la poésie" [Baudelaire ou Sartre? Sartre instrui o processo da poesia]. (N.E.)

O homem não pode se amar até o fim se não se condena

Sartre definiu em termos precisos a posição moral de Baudelaire.[2] "Fazer o Mal pelo Mal é exatamente fazer de propósito o contrário daquilo que se continua a afirmar como o Bem. É querer o que não se quer – já que se continua a ter aversão pelas potências más – e não querer o que se quer – já que o Bem continua a se definir como o objeto e o fim da vontade profunda. Essa é justamente a atitude de Baudelaire. Há entre seus atos e os do culpado vulgar a diferença que separa as missas negras do ateísmo. O ateu não se preocupa com Deus, porque decidiu de uma vez por todas que ele não existe. Mas o sacerdote das missas negras odeia Deus porque Ele é amável, ultraja-o porque Ele é respeitável; engaja sua vontade em negar a ordem estabelecida, mas, ao mesmo tempo, conserva essa ordem e a afirma mais do que nunca. Se deixasse por um instante de afirmá-la, sua consciência voltaria a estar de acordo consigo mesma, o Mal instantaneamente se transformaria em Bem, e, superando todas as ordens que não emanassem dele próprio, emergiria no Nada, sem Deus, sem desculpas, com uma responsabilidade total." Esse julgamento não pode ser contestado. Mais adiante, o interesse da maneira de ver de Sartre se torna mais preciso: "Para que a liberdade

---

[2] SARTRE, Jean-Paul. *Baudelaire*. Precedido de uma nota de Michel Leiris. Paris: Gallimard, 1946. In-16, p. 80-81. O presente estudo sobre Baudelaire foi escrito por ocasião da publicação do livro de Sartre.

seja vertiginosa, ela deve escolher [...] estar infinitamente errada. Assim ela é *única*, neste universo que está todo engajado no Bem; mas precisa aderir inteiramente ao Bem, mantê-lo e reforçá-lo, para poder se jogar no Mal. E aquele que se dana adquire uma solidão que é como a imagem enfraquecida da grande solidão do homem verdadeiramente livre... Em certo sentido, ele cria: faz aparecer, num universo onde cada elemento se sacrifica a fim de colaborar para a grandeza do conjunto, a singularidade, ou seja, a rebelião de um fragmento, de um detalhe. Dessa forma, alguma coisa se produziu, que não existia antes, que nada pode apagar e que não estava sequer minimamente preparada pela economia rigorosa do mundo: trata-se de uma obra de luxo, gratuita, e imprevisível. Notemos aqui a relação entre o Mal e a poesia: quando, ainda por cima, a poesia toma o Mal por objeto, as duas espécies de criação de responsabilidade limitada se unem e se fundem. Possuímos, então, uma flor do Mal. Mas a criação deliberada do Mal, ou seja, a culpa, é aceitação e reconhecimento do Bem; ela lhe presta homenagem e, batizando a si própria como má, admite que é relativa e derivada, que, sem o Bem, ela não existiria".

Sartre indica de passagem e sem insistir a relação entre o Mal e a poesia. Não tira consequências daí. Esse elemento de Mal é muito aparente nas obras de Baudelaire. Mas será que entra na essência da poesia? Sartre nada diz sobre isso. Apenas designa com o nome de liberdade esse estado possível em que o homem não tem mais o apoio do Bem tradicional – ou da ordem estabelecida. Comparada a essa posição *maior*, ele define como *menor* a posição do poeta. Baudelaire "nunca superou o estágio da infância". "Ele definiu o gênio como 'a infância reencontrada à vontade'."[3] A infância vive na fé. Mas se "a criança cresce, supera a altura dos pais, e olha por cima de seus ombros", ela pode ver que "por trás deles, não há nada".[4] "Os deveres, os ritos, as obrigações precisas e limitadas desapareceram de chofre. Injustificada, injustificável, ela faz bruscamente a experiência de sua terrível liberdade. Tudo está por começar: ela emerge de repente na solidão e no Nada. É isso que Baudelaire quer evitar a qualquer preço."[5]

---

[3] SARTRE. *Baudelaire*, p. 59.

[4] SARTRE. *Baudelaire*, p. 60.

[5] SARTRE. *Baudelaire*, p. 61.

Em certo ponto de sua exposição,[6] Sartre censura Baudelaire por considerar "a vida moral sob o aspecto de uma coação [...] e nunca de uma busca gemente". Mas não podemos dizer da poesia (não apenas da poesia de Baudelaire) que ela é "busca gemente" – é verdade, busca e não posse – de uma verdade moral que Sartre parece, talvez equivocadamente, ter atingido? Embora não tivesse essa intenção, Sartre ligou dessa maneira o problema moral ao da poesia. Ele cita uma declaração tardia (de uma carta a Ancelle[7] de 18 de fevereiro de 1866): "Tenho de lhe dizer, a você que não mais do que os outros o adivinhou, que nesse livro *atroz* coloquei todo *meu coração*, toda minha *ternura*, toda minha religião (travestida), todo meu *ódio*, todo meu *infortúnio*. É verdade que escreverei o contrário, que jurarei por todos os deuses que é um livro de *arte pura*, de *macaquice*, de *malabarismo*, e mentirei descaradamente como um tira-dentes". Sartre inseriu essa citação[8] num desenvolvimento onde mostrou que Baudelaire admitia a moral de seus juízes, apresentando *As flores do mal* ora como um divertimento (uma obra de Arte pela Arte), ora como "uma obra edificante destinada a inspirar o horror pelo vício". A carta a Ancelle decerto tem mais sentido que os disfarces. Mas Sartre simplificou um problema que coloca em questão os fundamentos da poesia e da moral.

Se a liberdade – o leitor aceitará que, antes mesmo de justificá-la, enuncio uma proposição – é a essência da poesia; e se só a conduta livre, soberana, merece uma "busca gemente", percebo imediatamente a miséria da poesia e as cadeias da liberdade. A poesia pode verbalmente calcar aos pés a ordem estabelecida, mas não pode substituí-la. Quando o horror a uma liberdade impotente engaja virilmente o poeta na ação política, ele abandona a poesia. Mas, a partir de então, ele assume a responsabilidade pela ordem por vir, reivindica a *direção* da atividade, a *atitude maior*: e, ao vê-lo, não podemos deixar de observar que a existência poética, em que percebíamos a possibilidade de uma *atitude soberana*, é verdadeiramente a *atitude menor*, que ela não passa de uma atitude de criança, de um jogo gratuito. A liberdade seria, a rigor, um poder da criança: ela não seria mais, para o adulto engajado na organização obrigatória da ação, que um

---

[6] SARTRE. *Baudelaire*, p. 53.

[7] Narcisse Ancelle, o tabelião responsável pela tutela financeira (e moral, por tabela) de Baudelaire. (N.E.)

[8] SARTRE. *Baudelaire*, p. 54-55.

sonho, um desejo, uma obsessão. (A liberdade não seria o poder que falta a Deus, ou que ele só tem verbalmente, já que não pode desobedecer à ordem que *ele é*, de que é o fiador? A profunda liberdade de Deus desaparece do ponto de vista do homem aos olhos de quem só Satã é livre.) "Mas o que é Satã, no fundo", diz Sartre, "senão o símbolo das crianças desobedientes e amuadas que pedem ao olhar paterno para congelá-las em sua essência singular e que fazem o Mal no quadro do Bem para afirmar sua singularidade e fazê-la consagrar?" Evidentemente, a liberdade da criança (ou do diabo) é limitada pelo adulto (ou por Deus), que faz dela uma derrisão (que a minora): a criança alimenta nessas condições sentimentos de ódio e de revolta, que a admiração e a inveja refreiam. Na medida em que desliza para a revolta, ela assume a responsabilidade do adulto. Pode, se quiser, cegar-se de várias maneiras: pretender se apoderar das prerrogativas maiores do adulto sem contudo admitir as obrigações a elas ligadas (é a atitude ingênua, o blefe que exige a perfeita puerilidade); prolongar uma vida livre às custas daqueles a quem diverte (essa liberdade capenga é tradicionalmente a dos poetas); pagar aos outros e a si mesmo com palavras, suspender pela ênfase o peso de uma realidade prosaica. Mas o sentimento da impostura está ligado a esses pobres possíveis como um mau cheiro. Se é verdade que o impossível de certa forma escolhido, em consequência *admitido*, não é menos malcheiroso, se a *insatisfação* última (aquela com que o espírito *se satisfaz*) é ela própria uma impostura, ao menos há uma miséria privilegiada que se confessa tal.[9]

Ela se confessa na vergonha. O problema que a falta de jeito de Sartre suscita não pode ser resolvido facilmente. Se é verdade que sob vários aspectos a atitude de Baudelaire é infeliz, tripudiá-lo parece o partido menos humano. Seria preciso fazê-lo, contudo, se não assumíssemos como nossa a atitude inconfessável de Baudelaire, que, deliberadamente, recusa-se a agir como homem consumado, ou seja, como homem prosaico. Sartre tem razão: Baudelaire escolheu estar em falta, como uma criança. Mas antes de julgá-lo desventurado devemos

---

[9] Em *Critique* a frase continuava assim: "[uma miséria privilegiada que se confessa], e que, fazendo à ordem a concessão sem a qual ela própria teria de se tornar ordem, não pode ser uma demissão, já que é o único meio de sustentar a insustentável posição até o final. Falarei mais adiante do sentido geral – econômico e histórico – dessa "maldição" da poesia. Tentarei antes acompanhar Sartre nas longas análises em que ele ajuda a penetrar ao mesmo tempo na singularidade do poeta e na essência do *fato poético*". (N.E.)

nos perguntar de que espécie de escolha se trata. Ele a fez por não haver outra? não foi mais que um erro deplorável? Ao contrário, ela se deu por excesso: de uma maneira miserável, talvez, contudo decisiva? Pergunto-me até: tal escolha não é, em sua essência, a escolha da poesia? A *escolha do homem*?

É o sentido do meu livro.

Acredito que o homem é necessariamente erguido contra si mesmo e que ele não pode se reconhecer, amar-se até o fim, se não for objeto de uma condenação.

O mundo prosaico da atividade e o mundo da poesia

As proposições precedentes nos engajam num mundo tão novo que não posso censurar Sartre por ignorá-lo. Esse mundo novo, este livro tenta descobri-lo. No entanto, ele só aparecerá com o tempo, lentamente...

"Se o homem não fechasse soberanamente os olhos", escreve René Char, "acabaria por não ver aquilo que vale a pena ser olhado." Mas, "para nós", afirma Sartre,[10] "basta ver a árvore ou a casa. Plenamente absorvidos em contemplá-las, esquecemo-nos de nós mesmos. Baudelaire é o homem que nunca se esquece de si mesmo. Ele se olha vendo, olha para se ver olhar, é sua consciência da árvore, da casa, que ele contempla, e as coisas só lhe aparecem através dela, mais pálidas, menores, menos tocantes, como se as percebesse através de um binóculo. Elas não se indicam umas às outras, como a seta mostra a estrada, como o marcador mostra a página [...] Ao contrário, sua missão imediata é remeter à consciência de si". E, mais adiante[11]: "Há uma distância original entre Baudelaire e o mundo que não é a nossa: entre os objetos e ele se insere sempre uma translucidez um pouco viscosa, um pouco adorante demais, como um tremor de ar quente, no verão". Não se poderia representar melhor nem mais precisamente a distância entre a visão poética e a do dia a dia. Esquecemo-nos de nós quando a seta mostra a estrada, ou o marcador, a página: mas essa visão não é *soberana*, ela é subordinada à procura da estrada (que vamos tomar), da página (que vamos ler). Em outros termos, o presente (a

---

[10] SARTRE. *Baudelaire*, p. 25-26.
[11] SARTRE. *Baudelaire*, p. 26.

seta, o marcador) é aqui determinado pelo futuro (a estrada, a página). "É", segundo Sartre,[12] "essa determinação do presente pelo futuro, do existente pelo que ainda não é [...] que os filósofos chamam hoje transcendência." É verdade que, na medida em que a seta e o marcador têm essa significação transcendente, eles nos suprimem, e nos esquecemos de nós se os olhamos dessa maneira subordinada. Ao passo que as coisas "mais pálidas, menores" e, é-nos dito, "menos tocantes" para as quais Baudelaire abre (ou, preferindo, fecha) *soberanamente* os olhos não o suprimem; pelo contrário, têm como única "missão dar a ele a oportunidade de se contemplar enquanto as vê".[13]

Devo[14] fazer observar que a descrição de Sartre, embora não se afaste de seu objeto, peca por uma confusão na interpretação que fornece dele. Lamento ter, para demonstrar isso, de entrar num longo desenvolvimento filosófico.

Não falarei de uma sobreposição confusa de pensamento que leva Sartre a representar "as coisas" da visão poética de Baudelaire como "menos tocantes" que a seta de uma placa ou o marcador de um livro (trata-se aqui de categorias: a primeira, dos objetos que se endereçam à sensibilidade; a segunda, dos que se endereçam ao conhecimento prático). Mas não são a seta e a estrada que Sartre considera como transcendentes (tive de cortar a frase citada para utilizá-la[15]), são os objetos da contemplação poética. Admito que isso esteja de acordo com o vocabulário que ele escolheu, mas, nesse caso, a insuficiência do vocabulário não permite perceber uma oposição profunda. Baudelaire desejaria "encontrar", diz-nos Sartre,[16] "em cada realidade uma insatisfação fixada, um apelo a outra coisa, uma transcendência objetiva". A transcendência assim

---

[12] SARTRE. *Baudelaire*, p. 43.

[13] SARTRE. *Baudelaire*, p. 26.

[14] Neste e em outros capítulos, há trechos com fonte e espaçamento menores, como se Bataille quisesse sinalizar para o leitor que está entrando "num longo desenvolvimento filosófico". (N.E.)

[15] Eis a frase inteira (SARTRE. *Baudelaire*, p. 43): "É essa determinação do presente pelo futuro, do existente pelo que ainda não é, que ele (Baudelaire) nomeará 'insatisfação' – voltaremos a isso – e que os filósofos chamam hoje transcendência". Sartre, de fato, volta ao assunto (p. 204). Diz ele: "A significação, imagem da transcendência humana, é como um ultrapassamento do objeto por si mesmo [...] Intermediária entre a coisa presente que a suporta e o objeto ausente que designa, ela retém em si um pouco daquela e anuncia já este. Para Baudelaire, ela é o próprio símbolo da insatisfação".

[16] SARTRE. *Baudelaire*, p. 207.

representada não é mais a simples transcendência da seta, a simples "determinação do presente pelo futuro", mas a transcendência "de objetos que consentem em se perder para indicar outros". É, esclarece o filósofo, "o termo entrevisto, quase tocado, e no entanto fora de alcance, de um movimento". É verdade que o sentido desse movimento "orientado" é determinado pelo futuro, mas o futuro enquanto sentido não é como na seta a estrada acessível e designada: na verdade, esse futuro sentido só está ali para se esquivar. Ou, antes, não é o futuro, é o espectro do futuro. E, diz o próprio Sartre, "seu caráter espectral e irremediável nos coloca no caminho: o sentido (o sentido desses objetos, espiritualizado pela ausência em que se dissolvem) é o *passado*".[17] (Disse no início que a última coisa que o julgamento apaixonado de Sartre merecia era uma discussão peguilhenta.[18] Eu não teria começado esta longa elucidação caso se tratasse de uma simples confusão sem consequência. Não vejo interesse em certa forma de polêmica: minha intenção não é instruir um processo pessoal, mas apenas assegurar a defesa da poesia. Falo de uma oposição: é que, sem marcá-la, não se poderia enunciar aquilo que a poesia coloca em jogo.) É claro que em tudo, em cada coisa, tanto na seta quanto nas figuras espectrais da poesia, o passado, o presente e o futuro concorrem para a determinação do sentido. Mas o sentido da seta indica o primado do porvir. Ao passo que o futuro só intervém, negativamente, na determinação do sentido dos objetos poéticos, revelando uma impossibilidade, situando o desejo diante da fatalidade da insatisfação. Enfim, se, por outro lado, percebemos que o sentido de um objeto "transcendente" de poesia é também a igualdade consigo mesmo, não podemos evitar ficar incomodados com a imprecisão do vocabulário. Não poderíamos negar que esse caráter de *imanência* foi marcado desde o início pelo próprio Sartre, que, como vimos, da árvore e da casa que Baudelaire representava, nos diz que tinham como única "missão dar (ao poeta) a oportunidade *de contemplar a si mesmo*". Parece-me difícil, nesse ponto, não acentuar o valor de "participação mística", de identificação entre sujeito e objeto, que está no poder da poesia. É curioso ver Sartre passar, com poucas linhas de intervalo, de "uma transcendência objetivada" a "essa ordem hierárquica de objetos que consentem em *se perder* para indicar outros", em que "Baudelaire reencontrará *sua imagem*".[19] É que a essência da poesia de Baudelaire é

---

[17] SARTRE. *Baudelaire*, p. 42. Sublinhado por Sartre.

[18] Na verdade, Bataille disse isso no início (suprimido nesta versão) do artigo publicado na revista *Critique* (ver apêndice deste capítulo). (N.E.)

[19] SARTRE. *Baudelaire*, p. 26. Sublinhado por mim.

operar, ao preço de uma tensão ansiosa, a fusão com o sujeito (a imanência) desses objetos, *que se perdem* a uma só vez para causar a angústia e refleti-la.

Sartre, tendo definido a transcendência como a determinação do sentido do presente pelo porvir, considera objetos transcendentes cujo sentido é fornecido pelo passado e cuja essência é estarem em relação de imanência com o sujeito. Isso não teria nenhum inconveniente (logo veremos que o equívoco é em parte o das coisas consideradas), se não perdêssemos nesses deslizes a possibilidade de colocar claramente a distinção fundamental entre o mundo prosaico da atividade – onde os objetos nitidamente exteriores ao sujeito extraem do futuro um sentido fundamental (a estrada determina o sentido da seta) – e o mundo da poesia. De fato, podemos definir o poético, nisso análogo ao *místico* de Cassirer, ao *primitivo* de Lévy-Bruhl e ao *pueril* de Piaget, por uma relação de *participação* do sujeito com o objeto.[20] A *participação* é atual: para determiná-la, é irrelevante um futuro com o qual se conta (do mesmo modo, na magia dos primitivos, não é o efeito que atribui um sentido à operação; inclusive, para que ela aja, é preciso que tenha *de início*, independentemente do efeito, o sentido vivo e empolgante da participação; a operação da seta, pelo contrário, não tem para o sujeito outro sentido senão o futuro, senão a estrada a que conduz). O sentido do objeto na participação poética também não é determinado pelo passado. Só um objeto de memória, igualmente privado de utilidade e de poesia, seria o puro dado do passado. Na operação poética, o sentido dos objetos de memória é determinado pela invasão *atual* do sujeito: não poderíamos negligenciar a indicação dada pela etimologia, segundo a qual a poesia é criação. A fusão do objeto e do sujeito exige a superação de cada uma das partes ao contato com a outra. Só a possibilidade de puras repetições impede de perceber o primado do presente. É preciso mesmo chegar

---

[20] Na revista *Critique* havia aqui uma nota: "Por essa razão, o pensamento discursivo necessariamente não dá conta da poesia. Ele só dispõe de setas indicando a estrada, de estradas indicando a cidade, de cidades indicando a rua, a casa, o quarto, etc. Cada um dos termos aos quais ele se confia é determinado por um futuro: o mesmo se dá com o termo 'participação'... Enquanto o discurso (não poético) dura, ele indica aquilo que não é. Se ele diz o 'instante' presente, não é este instante-aqui, mas algum outro ou os outros em geral, que serão mais tarde. Falando não poeticamente, suprimo toda e qualquer outra presença que não aquela de determinações presas a – derivadas de – antecipações do futuro. Aponto de longe um cavalo no campo: fazendo-o, designo um conjunto de possibilidades, como a de ver, aproximando-me, o cavalo em detalhes. De tal maneira que o silêncio, que se segue, é em última instância a única possibilidade do discurso, e sua desculpa na medida em que o silêncio enfim não teria existido sem discurso". (N.E.)

a dizer que a poesia *nunca* é o lamento do passado. O lamento que não mente não é poético; ele cessa de ser verdadeiro à medida que se torna poético, pois então, no objeto lamentado, o passado tem menos interesse do que, em si mesma, a expressão do lamento.

Assim que os enunciamos, esses princípios suscitam as questões que nos levam de volta à análise de Sartre (da qual, decerto, só me afastei para melhor marcar sua profundidade). Se é mesmo assim, se a operação da poesia exige que o objeto se torne sujeito – e o sujeito, objeto –, seria ela mais que um jogo, que uma brilhante escamoteação? Não pode haver dúvida, em princípio, no que concerne à possibilidade da poesia. Mas a história da poesia não seria mais que uma sequência de vãos esforços? É difícil negar que, regra geral, os poetas trapaceiam! "Os poetas mentem demais", diz Zaratustra, que acrescenta: "Zaratustra ele próprio é poeta". Mas a fusão do sujeito e do objeto, do homem e do mundo, não pode ser fingida: podemos não tentá-la, mas a comédia não seria justificável. Ora, ela é, ao que parece, impossível! Essa impossibilidade, Sartre a representa com toda razão, dizendo da miséria do poeta que ela é o desejo insensato de unir objetivamente o ser e a existência. Eu disse mais acima, esse desejo, segundo Sartre, é ora singularmente o desejo de Baudelaire, ora aquele de "cada poeta", mas, de qualquer modo, a síntese do imutável e do perecível, do ser e da existência, do objeto e do sujeito, que a poesia busca, define-a sem escapatória, limita-a, faz dela o reino do impossível, da insaciedade. O infortúnio quer que, do impossível, condenado a sê-lo, seja difícil falar. Sartre diz de Baudelaire (é o *leitmotiv* de sua análise) que o mal era nele querer ser a coisa que ele era para outrem: abandonava assim a prerrogativa da existência, que é a de permanecer suspensa. Mas o homem evita, em geral, que a consciência que ele é, tornando-se reflexão das coisas, torne-se ela própria uma coisa como outra qualquer? Parece-me que não e que a poesia é o modo através segundo do qual lhe é possível, comumente (na ignorância em que permaneceu dos meios que Sartre lhe propõe), escapar do destino que o reduz ao reflexo das coisas. É verdade que a poesia, querendo a identidade entre as coisas refletidas e a consciência que as reflete, quer o impossível. Mas o único meio de não ser reduzido ao reflexo das coisas não é justamente querer o impossível?

A poesia é sempre, em certo sentido, um contrário da poesia

Creio que a miséria da poesia é representada fielmente na imagem de Baudelaire oferecida por Sartre. Inerente à poesia, existe uma obrigação de fazer de uma insatisfação uma coisa fixa. A poesia, num primeiro movimento, destrói os objetos que apreende, devolve-os, através de uma destruição, à inapreensível fluidez da existência do poeta, e é a esse preço que ela espera reencontrar a identidade entre o mundo e o homem. Mas ao mesmo tempo que opera um desapossamento, ela tenta se *apossar* desse *desapossamento*. Tudo o que ela conseguiu foi substituir pelo *desapossamento* as coisas *apossadas* da vida reduzida: ela não pôde evitar que o desapossamento tomasse o lugar das coisas.

Experimentamos nesse plano uma dificuldade semelhante à da criança, livre sob a condição de negar o adulto, não podendo fazê-lo sem se tornar um adulto por sua vez e sem perder assim sua liberdade. Mas Baudelaire, que nunca assumiu as prerrogativas dos mestres e cuja liberdade garantiu sua insaciedade até o fim, não pôde deixar de *rivalizar* com esses seres que ele se recusara a substituir. É verdade que ele se procurou, que não se perdeu, que nunca se esqueceu de si mesmo e que se olhou olhar; a *recuperação* do ser foi mesmo, como indica Sartre, o objeto de seu gênio, de sua tensão e de sua impotência poética. Há, sem dúvida alguma, na origem do destino do poeta uma certeza de *unicidade*, de eleição, sem a qual o empreendimento de reduzir o mundo a si mesmo, ou de se perder no mundo, não teria o sentido que tem. Sartre faz disso a tara de Baudelaire, resultado do isolamento em que o deixou o segundo casamento de sua mãe. É, de fato, o "sentimento de *solidão*, desde minha infância", "de destino eternamente solitário", de que o próprio poeta falou. Mas Baudelaire forneceu, decerto, a mesma revelação de si na oposição aos outros ao dizer: "Bem criança ainda, senti no meu coração dois sentimentos contraditórios: o horror da vida e o êxtase da vida".[21] Nunca se insistirá o bastante numa certeza de insubstituível unicidade que está na base não apenas do gênio poético (em que Blake via o ponto comum – pelo qual são semelhantes – de todos os homens), mas também de toda religião (de toda Igreja) e de toda pátria. É bem verdade que a poesia sempre respondeu ao desejo de recuperar, de fixar do exterior em forma sensível a *existência* única, inicialmente informe, e sensível apenas interiormente, de um indivíduo ou de um grupo. Mas é duvidoso que nossa consciência de existir não

---

[21] BAUDELAIRE. *Mon cœur mis à nu*, LXXXIX. [Edição brasileira (utilizada aqui): *Meu coração desnudado*. Tradução de Tomaz Tadeu. Belo Horizonte: Autêntica, 2009, p. 46]

tenha *necessariamente* esse valor enganoso de *unicidade*: o indivíduo a experimenta ora no pertencimento à cidade, à família ou mesmo ao par (assim, segundo Sartre, Baudelaire criança, ligado ao corpo e ao coração de sua mãe), ora por conta própria. Decerto, este último caso em particular é hoje em dia aquele da vocação poética – que leva a uma forma de criação verbal em que o poema é a recuperação do indivíduo. Poderíamos, assim, dizer do poeta que ele é a parte que se toma pelo todo, o indivíduo que se conduz como uma coletividade. De tal modo que estados de insatisfação, objetos que frustram, que revelam uma ausência, tornam-se em certo ponto as únicas formas em que a tensão do indivíduo consegue reencontrar sua unicidade frustrante. A cidade a coagula, a rigor, em seus movimentos, mas aquilo que ela deve, que ela pode fazer, a existência isolada tem a chance[22] de ter de fazê-lo sem o poder. Sartre pode muito bem dizer de Baudelaire[23]: "seu desejo mais caro é o de *ser* como a pedra, a estátua, no repouso tranquilo da imutabilidade", ele pode mostrar o poeta ávido por extrair das brumas do passado alguma imagem petrificável; as imagens que ele deixou participam da vida aberta, infinita, segundo Sartre, no sentido baudelairiano, ou seja, insatisfeita. Assim, é frustrante dizer de Baudelaire que ele queria a impossível estátua que não podia ser, se não se acrescenta imediatamente que Baudelaire quis menos a estátua que o impossível.

É mais razoável – e menos desdenhoso – perceber, "a partir daí", os resultados do sentimento de unicidade (de consciência, que Baudelaire teve ainda criança, de ser, sozinho – sem que nada aliviasse esse peso –, o êxtase e o horror da vida; e todas as consequências: "essa vida miserável..."). Mas Sartre tem razão em afirmar que ele *quis* aquilo que nos parece inevitavelmente ir por água abaixo. Ele o quis ao menos como é fatal querer o *impossível*, ou seja, ao mesmo tempo firmemente, como tal e, mentirosamente, sob forma de quimera. Daí sua vida gemente de dândi ávido de trabalho, amargamente

---

[22] Normalmente, a palavra *chance* em francês deixa-se traduzir por "sorte". Mas no pensamento de Bataille, *chance* é uma noção muito forte, muito pregnante, ligada mais ao acaso, à contingência, do que à ideia de sorte propriamente dita. Por isso, prefiro manter "chance" em todas as suas ocorrências. Ver, sobretudo, a esse respeito *Sobre Nietzsche: vontade de chance*, terceiro volume da *Suma ateológica*. Belo Horizonte: Autêntica, a sair em 2016. (N.T.)

[23] SARTRE. *Baudelaire*, p. 126.

atolado numa ociosidade inútil. Mas como – é o próprio Sartre quem diz – uma "tensão inigualável" o armava, ele tirou de uma posição equívoca todo o proveito possível: um perfeito movimento de êxtase e de horror misturados confere à sua poesia uma plenitude mantida sem fraqueza *no limite* de uma sensibilidade livre,[24] uma rarefação, uma esterilidade esgotantes, que deixam Sartre desconfortável: a atmosfera de vício, de recusa, de ódio responde a essa tensão da vontade que nega – como o atleta nega o peso do haltere – a coação do Bem. É verdade que o esforço é vão, que os poemas em que esse movimento se petrifica (que reduzem a existência ao ser) fizeram do vício, do ódio e da liberdade *infinitos* as formas dóceis, tranquilas, imutáveis que conhecemos. É verdade, a poesia, que subsiste, é sempre um contrário da poesia, já que, tendo o perecível por fim, ela o transforma em eterno. Mas não importa se o jogo do poeta, cuja essência é unir ao sujeito o objeto do poema, sem falhar, une-o ao poeta frustrado, ao poeta humilhado por um fracasso e insatisfeito. De maneira que o objeto, o mundo, irredutível, insubordinado, encarnado nas criações híbridas da poesia, traído pelo poema, não o é pela vida inviável do poeta. Só a longa agonia do poeta revela, a rigor, em última instância, a autenticidade da poesia, e Sartre, o que quer que diga, ajuda a comprovar que seu fim, precedendo a glória, que só ela poderia tê-lo transformado em pedra, correspondeu a sua vontade: *Baudelaire quis o impossível até o fim.*

Baudelaire e a estátua do impossível

A falta de discernimento na consciência de sua própria realidade justifica a hesitação. Não podemos saber "distintamente" aquilo que, para Baudelaire, contava soberanamente. Talvez mesmo seja preciso ver, no fato de que ele se recusa a saber isso, uma indicação sobre uma relação fatal entre o homem e o valor. Pode ser que traíssemos aquilo que, para nós, conta soberanamente, se tivéssemos a fraqueza de decidir "distintamente" a seu respeito: afinal, não é de surpreender que a liberdade exija um salto, um arrancamento de si brusco e

---

[24] No sentido daquilo que não é subordinado a nada de outro que não seu primeiro movimento, indiferente a qualquer consideração exterior.

imprevisível que não são mais dados a quem decide de antemão. É verdade, Baudelaire permaneceu para si mesmo um dédalo: deixando até o fim as possibilidades abertas em todos os sentidos, ele aspirou à imutabilidade da pedra, ao onanismo de uma poesia fúnebre. Como não perceber nele essa fixação no passado? lassidão que anunciava o amolecimento, o envelhecimento precoce, a impotência. Há em *As flores do mal* com o que justificar a interpretação de Sartre, segundo a qual Baudelaire ambicionou não ser mais que um passado "inalterável e imperfectível", e escolheu "considerar sua vida do ponto de vista da morte, como se já fixada por um fim prematuro". Pode ser que a plenitude de sua poesia esteja ligada à imagem imobilizada de bicho pego na armadilha, que ele forneceu de si mesmo, que o obseda e cuja evocação retoma incessantemente. Da mesma maneira, uma nação se obstina em não faltar à ideia que faz de si mesma uma vez, e, a ter de superá-la, prefere desaparecer. A criação, que recebe seus limites do passado, detém-se, e, por ter o sentido da insatisfação, não pode se liberar e se satisfaz com um estado de imutável insatisfação. Esse gozo moroso, prolongado por um fracasso, esse temor de ser satisfeito transformam a liberdade em seu contrário. Mas Sartre se apoia no fato de que a vida de Baudelaire se decidiu em poucos anos, que ela foi lenta a partir dos arroubos da juventude – uma interminável decadência. "Desde 1846", diz Sartre (ou seja, aos 25 anos), "Baudelaire gastou metade de sua fortuna, escreveu a maior parte de seus poemas, deu uma forma definitiva a suas relações com seus pais, contraiu a doença venérea que vai lentamente apodrecê-lo, encontrou a mulher que pesará como chumbo sobre todas as horas de sua vida e fez a viagem que proverá toda sua obra de imagens exóticas."[25] Mas essa maneira de ver implica a opinião de Sartre a respeito dos *Escritos íntimos*: são meras repetições que o incomodam profundamente. Uma carta, datada de 28 de janeiro de 1854,[26] me interessa mais. Baudelaire fornece nela o roteiro de um drama: um trabalhador beberrão obtém à noite, num lugar solitário, um encontro com sua mulher, que o abandonou; ela se recusa, apesar dos rogos dele, a

---

[25] SARTRE. *Baudelaire*, p. 188-189.

[26] BAUDELAIRE, Charles. *Correspondance générale*. Recueillie, classée et annotée par J. Crépet. Paris: Conard, 1917. t. I, n. 161, p. 249.

voltar para o lar. Desesperado, ele a conduz para o caminho onde sabe que, com a ajuda da noite, ela cairá num poço sem parapeito. Uma canção que ele tinha a intenção de introduzir na peça está na origem do episódio. "Ela começa assim", escreve ele:

Rien n'est aussi-z-aimable	*Nada é tão amáver*
Franfru-Cancru-Lon-La-Lahira	*Franfru-Cancru-Lon-La-Larirá*
Rien n'est aussi-z-aimable	*Nada é tão amáver*
Que le scieur de long.	*Quanto o serrador de tábuas.*

... esse amável serrador de tábuas acaba jogando sua mulher na água; diz então, dirigindo-se a uma sereia...

Chante Sirène Chante	*Canta Sereia Canta*
Franfru-Cancru-Lon-La-Lahira	*Franfru-Cancru-Lon-La-Larirá*
Chante Sirène Chante	*Canta Sereia Canta*
T'as raison de chanter.	*Tu tem razão pra cantar.*

Car t'as la mer à boire,	*Pois tu tem o mar pra beber,*
Franfru-Cancru-Lon-La-Lahira	*Franfru-Cancru-Lon-La-Larirá*
Car t'as la mer à boire,	*Pois tu tem o mar pra beber,*
Et ma mie à manger!	*E meu benzinho pra comer!*

O serrador de tábuas está carregado com os pecados do autor; graças a uma defasagem – a uma máscara – a imagem do poeta, de repente, desestagna-se, deforma-se e se transforma: não é mais a imagem determinada por um ritmo compassado, tão tensionado que obriga e forma de antemão.[27] Em condições de linguagem diferentes, não é mais o passado limitado que enfeitiça; um possível ilimitado abre o atrativo que lhe pertence, o atrativo da liberdade, da recusa dos limites. Não foi o acaso que ligou no espírito de Baudelaire o tema do serrador de tábuas à ideia do estupro de uma morta. Nesse ponto, o assassinato, a lubricidade, a ternura e o riso se fundem (ele

---

[27] Um poema, "Le Vin de l'assassin" [O vinho do assassino], que, em *As flores do mal*, põe em cena esse serrador de tábuas, é, de fato, um dos mais medíocres da coletânea. O personagem está preso ao ritmo baudelairiano. Aquilo que um projeto exterior aos limites da fórmula poética deixou entrever recai aí na rotina.

quis introduzir no teatro, ao menos através de um relato, o estupro do cadáver de sua mulher pelo trabalhador). Nietzsche escrevia[28]: "Ver soçobrarem as naturezas trágicas e *poder rir disso*, apesar da profunda compreensão, emoção e simpatia que se sente, isso é divino". Talvez um sentimento tão pouco humano seja inacessível: Baudelaire, para alcançá-lo, recorreu aos pobres meios da degradação do herói, e da baixeza de sua linguagem. Mas, mesmo ligado a essas concessões, o *cume* da *Sereia* não pode ser rebaixado. *As flores do mal*, que ele supera, o designam; elas garantem a plenitude de seu sentido, e ele indica a culminação delas. Baudelaire não deu sequência ao projeto de escrever esse drama. Sua preguiça inquestionável ou sua impotência tardia são talvez a causa disso. Ou o diretor de teatro a quem o propôs o fez entender qual seria a reação provável do público?[29] Ao menos, Baudelaire, em tal projeto, foi o mais longe que podia: de *As flores do mal* à loucura não foi a impossível estátua, e sim a estátua do impossível que ele sonhou.

A significação histórica de *As flores do mal*

O sentido – ou o não-sentido – da vida de Baudelaire, a continuidade do movimento que o levou da poesia da insatisfação à ausência dada no desabamento não são marcados apenas por uma canção. Uma vida inteira *obstinadamente* falhada – que, negativamente, Sartre põe na conta de uma má escolha – significa o horror por estar satisfeito: a rejeição das coações necessárias ao lucro. O *parti pris* de Baudelaire não podia ser mais claro. Uma passagem de uma carta a sua mãe[30] exprime essa nova recusa de se submeter à lei de sua própria vontade...: "para resumir", diz ele, "foi-me *demonstrado* esta semana que eu podia realmente ganhar dinheiro, e, com aplicação e perseverança, muito dinheiro. Mas

---

[28] *Nachlass* [Fragmentos póstumos], 1882-1884.

[29] Na revista *Critique*, esse trecho vinha formulado diferentemente: "Mas se sabemos que ele o submeteu a um diretor de teatro, e que estava então pressionado por dívidas, também podemos pensar que o público, antes de Baudelaire, é suspeito de ter causado esse aborto. Como não pensar naqueles esboços que pintores pintavam livremente apenas para si mesmos, certos de que jamais encontrariam compradores para eles". (N.E.)

[30] BAUDELAIRE. *Correspondance générale*, t. I, n. 134, p. 193. A carta é de 26 de março de 1853.

as desordens anteriores, mas uma miséria incessante, um novo déficit a saldar, a diminuição da energia pelos pequenos aborrecimentos, enfim, para tudo dizer, minha inclinação ao devaneio, tudo anularam".

Aí está, se quiserem, um traço de caráter individual, e, como tal, uma impotência. É possível também considerar as coisas no tempo, julgar como um acontecimento – que respondeu a uma exigência objetivamente dada – um horror ao trabalho tão claramente ligado à poesia. Sabe-se que essa recusa, essa aversão eram padecidas (a última coisa de que se tratava era de uma decisão firme), e que, inclusive, Baudelaire, em diversas ocasiões, miseravelmente, sem trégua, sujeitou-se ao princípio do trabalho: "Somos, a cada momento", escreve ele em seus *Diários íntimos*,[31] "atropelados pela ideia e pela sensação do tempo. E só há dois meios de escapar desse pesadelo, de esquecê-lo: o prazer e o trabalho. O prazer nos consome. O trabalho nos fortifica. Escolhamos". Essa posição está próxima de outra, formulada anteriormente[32]: "Há, em todo homem, a toda hora, duas postulações simultâneas, uma dirigida a Deus, a outra, a Satã. A invocação a Deus, ou espiritualidade, é um desejo por subir de nível; a de Satã, ou animalidade, é um prazer por cair". Mas só a primeira formulação introduz dados claros. O prazer é a forma positiva da vida sensível: não podemos experimentá-lo sem uma despesa improdutiva de nossos recursos (ele consome). O trabalho, ao contrário, é o modo da atividade: tem por efeito o aumento de nossos recursos (ele fortifica). Ora, há "em todo homem, a toda hora, duas postulações simultâneas", uma para o trabalho (o aumento dos recursos), outra para o prazer (o dispêndio dos recursos). O trabalho corresponde à preocupação com o amanhã, o prazer ao gozo do instante presente. O trabalho é útil e satisfaz, o prazer, inútil, deixa um sentimento de insatisfação. Essas considerações situam a economia na base da moral, situam-na na base da poesia. A escolha incide sempre, a toda hora, sobre a questão vulgar e material: "tendo em vista meus recursos atuais, devo gastá-los ou aumentá-los?". Tomada em seu conjunto, a resposta de Baudelaire é singular. Por um lado, suas notas estão cheias de resolução de trabalho, mas sua vida foi a longa recusa da atividade produtiva. Ele chega a escrever[33]: "Ser um homem útil

---

[31] BAUDELAIRE. *Mon cœur mis à nu*, LXXXIX [Edição brasileira, p. 82].

[32] BAUDELAIRE. *Mon cœur mis à nu*, XIX [Edição brasileira, p. 49].

[33] BAUDELAIRE. *Mon cœur mis à nu*, IX [Edição brasileira, p. 45].

sempre me pareceu algo bastante detestável". A mesma impossibilidade de resolver no sentido do Bem a oposição volta a se encontrar em outros planos. Não apenas escolhe Deus, e o trabalho, de modo puramente nominal, para pertencer a Satã ainda mais intimamente, como, além disso, sequer pode decidir se a oposição lhe é própria e interna (entre o prazer e o trabalho) ou exterior (entre Deus e o diabo). Só o que se pode dizer é que ele tende a rejeitar sua forma transcendente: *na prática,* o que triunfa nele é a recusa de trabalhar, e portanto de ficar satisfeito; ele só mantém acima de si mesmo a transcendência da obrigação para acentuar o valor de uma recusa e para sentir com mais força a atração angustiada de uma vida insatisfatória.

Mas isso não é um erro individual. O defeito das análises de Sartre é justamente o de se contentar com tal aspecto. É isso o que as reduz a apreciações negativas, cujo sentido positivo só pode ser percebido se as inserimos no tempo histórico. O conjunto das relações entre a produção e o dispêndio está *na história,* a experiência de Baudelaire está *na história.* Ela tem *positivamente* o sentido preciso que a história lhe dá.

Como toda atividade, a poesia pode ser considerada sob o ângulo econômico. E a moral ao mesmo tempo que a poesia. Baudelaire, de fato, através de sua vida, através de suas reflexões infortunadas, colocou solidariamente nesses domínios o problema crucial. É o problema que a um só tempo tocam e evitam as análises de Sartre. Estas cometem o erro de representar a poesia e a atitude moral do poeta como o resultado de uma escolha. Admitindo que o indivíduo tenha escolhido, o sentido para outrem daquilo que ele criou é dado socialmente nas necessidades a que respondeu. O sentido pleno de um poema de Baudelaire não é dado em seus erros, mas na expectativa historicamente – geralmente – determinada a que esses "erros" responderam. Aparentemente, segundo Sartre, escolhas análogas à de Baudelaire eram possíveis em outros tempos. Mas elas não tiveram por consequências, em outros tempos, poemas semelhantes aos de *As flores do mal.* Negligenciando essa verdade, a crítica explicativa de Sartre introduz visões profundas, mas não pode dar conta da plenitude com que, em nosso tempo, a poesia de Baudelaire invade o espírito (ou só dá conta dela se invertida, a detração invertida ganhando o sentido inesperado da compreensão). Sem falar de um elemento de graça, ou de chance, a "inigualável tensão" da atitude de Baudelaire não exprime apenas a necessidade individual, ela é a consequência de uma tensão *material*, historicamente dada de fora. O mundo, a sociedade no seio da qual o poeta escreveu *As flores do mal* tivera ela própria, na medida em que ultrapassava a instância individual, de responder às duas postulações simultâneas que não cessam de exigir humanamente a decisão: como o indivíduo, a sociedade deve escolher entre a preocupação com o porvir e o gozo do instante presente. Essencialmente, a sociedade se funda na fraqueza dos indivíduos, que a força dela compensa: ela está, em certo sentido, *ligada* em primeiro lugar ao primado do porvir – o que não ocorre com o indivíduo. Mas ela não pode negar o presente e lhe concede uma parte a respeito da qual a decisão não está absolutamente dada. É a parte das festas, cujo momento pesado é o sacrifício.[34] O sacrifício concentra a atenção no dispêndio, em função do instante presente, de recursos que, em princípio, a preocupação com o amanhã prescrevia reservar. Mas a sociedade de *As flores do mal* não é mais essa sociedade ambígua que, mantendo profundamente o primado do porvir, permitia, na espécie do *sagrado* (aliás, disfarçado, camuflado em valor de porvir, em objeto transcendente, eterno, em fundamento imutável do Bem), a precedência nominal do presente. É a sociedade capitalista em pleno crescimento, reservando a maior parte possível dos produtos do trabalho ao aumento dos meios de produzir. Essa sociedade tinha dado a sanção do terror à condenação do luxo dos grandes. Ela se desviava justamente de uma casta que explorara em seu proveito a ambiguidade da sociedade antiga. Ela não podia perdoá-la por ter desviado para fins de esplendor pessoal uma parte dos recursos (do trabalho) que poderia ter sido empregada no aumento dos meios de produção. Mas dos grandes lagos de Versalhes às barragens modernas, uma decisão interveio que não se deu apenas no sentido da coletividade se opondo aos privilegiados: essencialmente, essa decisão opôs o aumento das forças produtivas aos gozos improdutivos. A sociedade burguesa, no meio do século XIX, escolheu no sentido das barragens: ela introduziu no mundo uma mudança fundamental. Do nascimento à morte de Charles Baudelaire, a Europa se engajou numa rede de estradas de ferro, a produção abriu a perspectiva de um crescimento indefinido das forças produtivas e atribuiu a si mesma esse crescimento como fim. A operação preparada havia muito tempo começava uma metamorfose rápida do mundo

---

[34] A "parte maldita" de que falei no capítulo precedente, p. 27, nota 17.

civilizado, fundada no primado do amanhã, ou seja, na *acumulação* capitalista. Da parte dos proletários, a operação devia ser negada, por ser limitada às perspectivas do lucro pessoal dos capitalistas: ela suscitou, portanto, a contrapartida do movimento operário. Da parte dos escritores, como pôs fim aos esplendores do Antigo Regime e substituiu as obras gloriosas pelas utilitárias, ela provocou o protesto romântico. Os dois protestos, de natureza diferente, concordavam num ponto. O movimento operário, cujo princípio não se opunha à acumulação, atribuía-lhe como fim, na perspectiva do porvir, liberar o homem da escravidão do trabalho. O romantismo, imediatamente, dava uma forma concreta àquilo que nega, àquilo que suprime a redução do homem a valores de utilidade. A literatura tradicional exprimia simplesmente os valores não utilitários (militares, religiosos, eróticos) admitidos pela sociedade ou pela classe dominante: a romântica, os valores que negavam o Estado moderno e a atividade burguesa. Porém, embora se revestisse de uma forma precisa, essa expressão não deixava de ser duvidosa. Frequentemente, o romantismo se limitou à exaltação do passado ingenuamente oposto ao presente. Não era mais que uma solução de compromisso: os valores do passado tinham eles próprios transigido com os princípios utilitários. O tema da natureza, cuja oposição podia parecer mais radical, tampouco oferecia mais que uma possibilidade de evasão provisória (o amor pela natureza é, aliás, tão suscetível de acordo com o primado do útil, ou seja, do amanhã, que foi o modo de compensação mais difundido – o mais anódino – das sociedades utilizadoras: nada evidentemente menos perigoso, menos subversivo, no fim das contas menos selvagem, que a selvageria dos rochedos). A posição romântica do *indivíduo* é uma posição mais consequente à primeira vista: o indivíduo se opõe inicialmente à coação social como existência sonhadora, apaixonada e rebelde à disciplina. Mas a exigência do indivíduo sensível não é consistente: ela não tem a dura e duradoura coerência de uma moral religiosa ou do código de honra de uma casta. O único elemento constante dos indivíduos é dado no interesse por uma soma de recursos crescentes que os empreendimentos capitalistas têm a possibilidade de satisfazer plenamente. De tal forma que o indivíduo é o fim da sociedade burguesa tão necessariamente quanto uma ordem hierárquica é o fim da sociedade feudal. Acrescenta-se a isso que a busca do interesse privado é ao mesmo tempo a fonte e o fim da atividade capitalista. A forma poética, titânica, do individualismo é, para o cálculo utilitário, uma resposta excessiva, mas uma resposta: sob sua forma consagrada, o romantismo foi pouco mais que uma aparência antiburguesa do individualismo burguês. Dilaceramento, negação de si, nostalgia daquilo que não se tem exprimiram o mal-estar da burguesia, que, tendo entrado na história ligando-se à recusa da responsabilidade, exprimia o contrário do que era, mas dava um jeito de não suportar suas consequências, ou mesmo de tirar proveito daí. A negação, na literatura, dos fundamentos da atividade capitalista só se liberou tardiamente dos compromissos. Foi somente na fase de pleno crescimento e desenvolvimento garantido, passado o momento agudo da febre romântica, que a burguesia se sentiu à vontade. A busca literária cessou nesse ponto de ser limitada por uma possibilidade de compromisso. Baudelaire, é verdade, nada teve de radical – o desejo se obstinava nele de não ter o impossível como sina, de obter o perdão –, mas, como Sartre ajuda a ver, ele extraiu do caráter vão de seu esforço aquilo que outros extraíram da rebelião. O princípio é esperto: ele não tem vontade, mas uma atração o anima involuntariamente. A recusa de Baudelaire é a recusa mais profunda, já que não é de modo algum a afirmação de um princípio oposto. Ela exprime apenas o estado d'alma obstruído do poeta, exprime-o naquilo que ele tem de indefensável, de impossível. O Mal, que o poeta faz menos do que sofre sua fascinação, é realmente o Mal, já que a vontade, que só pode querer o Bem, não tem aí a menor parte. Aliás, pouco importa, afinal, que seja o Mal: o contrário da vontade sendo a fascinação, a fascinação sendo a ruína da vontade, condenar moralmente a conduta fascinada talvez seja, por algum tempo, o único meio de liberá-la plenamente da vontade. As religiões, as castas e, pouco tempo antes, o romantismo tinham, por seu lado, concedido sua parte à sedução, mas a sedução então ludibriava, obtinha o acordo de uma vontade ela própria disposta ao ludíbrio. Assim, a poesia, que se endereça à sensibilidade para seduzi-la, devia limitar os objetos de sedução que propunha àqueles que a vontade podia assumir (a vontade consciente, que necessariamente impõe condições, que exige a duração, a satisfação). A poesia antiga limita a liberdade implicada na poesia. Baudelaire abriu na massa tumultuosa dessas águas a depressão de uma poesia maldita, que não assumia mais nada e que padecia indefesa uma fascinação incapaz de satisfazer, uma fascinação que destruía. Dessa forma, a poesia se desviava de exigências feitas a ela de fora, de exigências da vontade, para responder a uma única exigência íntima, que a prendia àquilo que fascina, que fazia dela o contrário da vontade. Há outra coisa além de uma escolha de indivíduo fraco nessa determinação maior da poesia. Importa-nos pouco que uma inclinação pessoal, implicando a responsabilidade, esclareça as circunstâncias da vida do poeta. O sentido para nós de *As flores do mal*, portanto o sentido de Baudelaire, é o resultado de nosso interesse pela poesia. Ignoraríamos tudo de um destino individual se não fosse o interesse que os poemas suscitaram. Assim, só podemos falar dele na medida em que o ilumina nosso amor por *As flores do mal* (não separadamente, mas ligadas à ronda em que entravam). Desse lado, é a singular atitude do poeta para com a moral que dá conta da ruptura que ele operou: a negação do Bem em Baudelaire é, de uma maneira fundamental, uma negação do primado do amanhã: a afirmação, mantida simultaneamente, do Bem participa de um sentimento maduro (que frequentemente o guiava em sua reflexão sobre o erotismo): ela lhe revelava regularmente, e infelizmente (de uma maneira maldita), o paradoxo do instante – que só alcançamos fugindo dele, que se esquiva se tentamos apreendê-lo. Não há dúvida de que a posição maldita – humilhante – de Baudelaire pode ser superada. Mas nada há na superação possível que justifique o repouso. A infelicidade humilhante se reencontra sob outras formas, menos passivas, mais reduzidas, sem escapatória, e tão duras – ou tão insensatas – que parecem uma felicidade selvagem. A poesia de Baudelaire, ela própria, é superada: a contradição entre uma recusa do Bem (um valor ordenado pela preocupação com a duração) e a criação de uma obra duradoura engaja a poesia numa via de decomposição rápida, onde ela se concebeu, cada vez mais negativamente, como um perfeito silêncio da vontade.

Apêndice ao capítulo sobre Baudelaire

As páginas iniciais e finais do artigo na revista Critique *foram suprimidas na edição de* A literatura e o mal. *Eis como o artigo começava:*

BAUDELAIRE "DESNUDADO" – A análise de Sartre e a essência da poesia

BAUDELAIRE, Écrits intimes: Fusées – Mon cœur mis à nu – Carnet – Correspondance. Introduction par JEAN-PAUL SARTRE[35] Ed. du Point du Jour, 1946, in 8°, CLXV-279 P. ("Incidences", Collection dirigée par RENÉ BERTELÉ.)

Sartre é resolutamente estranho à paixão pelo mundo sensível: poucos espíritos se fecham à invasão da poesia com tanta necessidade quanto o seu. A introdução que ele escreveu para *Rojões* e *Meu coração*

---

[35] Essa introdução de um livro publicado em dois mil exemplares escapa por enquanto à maior parte do público. Sartre extraiu para a revista *Les Temps modernes* (n. 8, maio 1946, p. 1345-1377) um "Fragment d'un portrait de Baudelaire" [Fragmento de um retrato de Baudelaire] que representa cerca de um quarto dela. O conjunto figurará decerto numa coletânea de ensaios críticos a ser publicada nas edições Gallimard sob o título de *Significations* A escolha da correspondência foi feita de comum acordo entre Sartre e o editor, René Bertelé. Só duas cartas são inéditas, uma delas, de 30 de junho de 1845, a Ancelle, anuncia a intenção que Baudelaire teve então de se suicidar. [Foi, de fato, sob o título de *Significations* que Sartre anunciou aquilo que viria a constituir a série das *Situations*, série em que o *Baudelaire*, publicado em volume independente, acabará não figurando. Ao dossiê das relações de Bataille e Sartre, acrescentemos o anúncio em *Les Temps modernes* (números de abril, maio e junho de 1947, ou seja, logo depois da publicação em *Critique* do artigo sobre Baudelaire) de um artigo de Bataille sobre Nietzsche que acabará não sendo publicado. (N.E.)]

desnudado tem a extensão de um livro, mas o que ele quer não é nos abrir um pouco mais o mundo de Baudelaire: fala-nos do poeta com a intenção de suprimi-lo. O longo trabalho que publica é menos de um crítico que de um juiz moral, ao qual importa saber e afirmar que Baudelaire é condenável.

"A escolha livre que o homem faz de si mesmo se identifica absolutamente com aquilo que se chama destino." Assim terminam as 160 páginas do julgamento. Essa verdade, a vida infeliz de Charles Baudelaire a ilustra com um fulgor inigualável. O castigo do poeta é o pagamento por suas faltas: ele teve o destino "maldito" que merecia.

A resolução e o vigor agressivo de Sartre são mais do que louváveis, indo de encontro ao gosto de quase todo o público, optando por uma atitude no mínimo difícil. Não sei se está aí uma ação de valor *moral*, mas uma clareza tão decidida tem em si mesma uma virtude. Como evitar ver em Baudelaire, que teve sede de ser moralmente condenável, um movimento que as condenações cegas e burguesas que o atingiram não puderam consumar, que só uma lucidez brutal e sem preconceito consuma? Parece-me que em cada coisa importante convém ir até o fundo, sem nunca se deixar deter. No entanto, uma vez esse movimento consumado e Baudelaire violentamente "desnudado", devemos reconsiderar as coisas: nós mesmos não devemos nos deter no julgamento de Sartre.

Há poucos escritos mais irritantes. É com uma inegável rigidez, e não sem uma espécie de perversão, que ele representou essa "totalidade enrijecida, perversa e insatisfeita que não é outra senão o próprio Baudelaire". Há em nós – em cada um de nós, não apenas em Baudelaire – uma obscuridade como que sagrada que quer que não escutemos sem recuo uma voz tribunalesca enunciando (p. CLXIV): "Ele escolheu *existir* para si mesmo como ele *era* para os outros, quis que sua liberdade lhe aparecesse como uma 'natureza', e que a 'natureza' que os outros descobriam nele lhes parecesse a própria emanação de sua liberdade. A partir daí, tudo se esclarece: essa vida miserável que nos parecia ir por água abaixo, compreendemos agora que ele a teceu cuidadosamente. Foi ele que a entulhou logo de entrada com esse bricabraque volumoso: negra, dívidas, sífilis, conselho familiar, que o incomodará até o fim e até o fim o obrigará a se dirigir às arrecuas para o porvir, foi ele que inventou essas belas mulheres calmas que atravessam seus anos de tédio, Marie Daubrun, a Presidente. Foi ele que cuidadosamente delimitou a geografia de sua existência ao decidir arrastar suas misérias numa grande cidade, recusando todos os deslocamentos reais, para melhor prosseguir em seu quarto as evasões imaginárias, foi ele que substituiu as viagens por mudanças de endereço, imitando a fuga diante de si mesmo através de suas perpétuas trocas de residência e que, mortalmente ferido, só consentiu em deixar Paris por uma outra cidade que fosse a caricatura dela, ele ainda que quis seu semifracasso literário e esse isolamento brilhante e miserável no mundo das letras. Nessa vida tão fechada, tão cerrada, parece que um acidente, uma intervenção do acaso permitiria respirar, daria uma trégua ao *heautontimoroumenos*. Mas procuraríamos em vão uma circunstância pela qual ele não seja plenamente responsável".

Mas é preciso escolher, e, por seu lado, a platitude da apologia está longe de reservar aquilo que só o silêncio reserva verdadeiramente. De modo que há apenas uma exigência última, que diz respeito à exatidão que deve ser mais rigorosa quando se abandona o princípio da apologia. Ora, seria vão, pretextando erros mínimos ou julgamentos mal situados, querer retirar de Sartre o benefício da lealdade. É difícil imaginar esforço de penetração mais vigoroso, mais honesto na teimosia e, sobretudo, que saiba melhor revelar o mais longínquo. A análise consagrada ao *fato poético* baudelairiano – à *significação* e à *espiritualidade* –, vindo de um espírito que não se quer jamais em potência de poesia, não deixa de ser por isso uma importante contribuição ao conhecimento preciso do *fato poético*. A inegável paixão que tensiona o estudo de Sartre é alheia à parcialidade. Mesmo a pouca simpatia que Baudelaire lhe inspira não pode ser dada como um *parti pris*. (A pouca estima de Sartre pelo homem é bastante conhecida, e a dedicatória ao poeta Jean Genet afasta a ideia de estreiteza de espírito.) Na verdade, sua lucidez e a qualidade de inteligência de suas análises não podem ser postas em causa, e o alcance da ambição que o anima situa-o desde o princípio acima das discussões miseráveis.

A representação de Baudelaire se funda no espírito de Sartre sobre as consequências que teria tido o segundo casamento de sua mãe.

"Quando seu pai morreu", diz ele (p. II ss.), "Baudelaire tinha 6 anos e vivia na adoração de sua mãe; fascinado, cercado de atenções e cuidados, ele não sabia ainda que existia como uma pessoa, mas se sentia unido ao corpo e ao coração de sua mãe por uma espécie de participação primitiva e mística [...]

"Em novembro de 1828, essa mulher tão amada volta a se casar com um militar; Baudelaire é posto no internato. Dessa época data sua famosa 'fissura'[36] [...]

"Essa brusca ruptura e a mágoa que resultou dela o atiraram sem transição na existência pessoal. Pouco antes ele estava ainda totalmente penetrado pela vida unânime e religiosa do par que formava com sua mãe. Essa vida se retirou como uma maré, deixando-o sozinho e seco, ele perdeu suas justificações, descobre na vergonha que é um, que sua existência lhe é dada para nada. A seu furor por ter sido expulso mistura-se um sentimento de degradação profunda. Ele escreverá em *Meu coração desnudado*, pensando nessa época: 'Sentimento de *solidão*, desde minha infância. Apesar da família, e entre os colegas, sobretudo, sentimento de destino eternamente solitário'.[37] Ou seja, pensa já esse isolamento como um *destino*. Isso significa que ele não se limita a suportá-lo passivamente, formulando o desejo de que seja temporário: pelo contrário, precipita-se nele com raiva. Encerra-se nele e, já que o condenaram a ele, quer ao menos que a condenação seja definitiva. Tocamos aqui na escolha original que Baudelaire fez de si mesmo, nesse engajamento absoluto através do qual cada um de nós decide numa situação particular aquilo que será e aquilo que é."

Seria vão, parece-me, deter-se nas dificuldades que essa interpretação suscita no que tange à realidade dos fatos. Aquilo que efetivamente se passou ou se decidiu no espírito de uma criança não é tão fácil de conhecer. Estamos reduzidos a formular conjecturas. Da primeira infância de Baudelaire, que pôde ter um valor determinante, nada sabemos e nada saberemos. A ideia de um momento em que o ser se escolhe é, por outro lado, uma ideia pessoal de Sartre: ela não tem nenhum privilégio que nos obrigue a preferi-la a outras maneiras de ver. (Não importa e não tenho agora a intenção de considerar de maneira geral a filosofia de Sartre, para a qual sabemos que a ideia de escolha é essencial.) Mas, embora não gere nenhuma certeza, a imagem de Baudelaire fornecida na introdução aos *Escritos íntimos* é plausível, e o

---

[36] *Fêlure*: fissura, rachadura, mas também "pequena perturbação do espírito", "parafuso a menos". (N.T.)

[37] BAUDELAIRE. *Mon cœur mis à nu*, LXXXIX. [Edição brasileira (utilizada aqui): *Meu coração desnudado*. Tradução de Tomaz Tadeu. Belo Horizonte: Autêntica, 2009, p. 46].

fato de vê-la de maneira diferente de Sartre – como uma inapreensível possibilidade – não suprime seu interesse. Além do mais, não temos por que temer que seja infundada: ela é no máximo deformada (não é a verdade inteira: esta, sem dúvida alguma, e não sabemos em que medida, esquiva-se de nós). Mas pouco importa: essa imagem é plausível e está ligada ao *fato poético*. E, embora se trate a princípio apenas do autor de *As flores do mal*, podemos, para além da preocupação com uma verdade histórica precisa, tentar elucidar a partir dela a questão da essência da poesia. O próprio Sartre, pela ambiguidade de sua exposição, incita-nos a deslocar nosso interesse nesse sentido. Ele opõe, nas primeiras páginas, Baudelaire a todos os outros. "Há", diz ele (p. VIIII), "uma distância de Baudelaire ao mundo que não é a nossa." Mas, mais adiante (p. CXLVI), "*todo* poeta (sou eu que sublinho) prossegue à sua maneira essa síntese da existência e do ser que reconhecemos como uma impossibilidade". Era, no entanto, a busca dessa impossível síntese que estava implicada de início na oposição *à nossa* de uma maneira de ver o mundo particular a Baudelaire. A nossa? A de Sartre, isso sim, e de quem, com ele, se recusa a abrir *poeticamente* os olhos para este mundo. A imagem fornecida na primeira parte da introdução poderia em verdade ter apenas uma ligação secundária ou mesmo errônea com uma tara atribuída por Sartre à decisão infeliz de um menino: não deixa por isso de fornecer o esquema preciso, geral, de uma visão poética das coisas. Vista em negativo, como Sartre quis ver e figurar Baudelaire, é a imagem do poeta doente, mas, *sem alterá-la mais que a passagem de uma imagem fotográfica do negativo para o positivo*, também a imagem do "poeta soberano", cuja visão reduz a distância para os outros, entre o mundo e ele.

E terminava:

> É preciso dizer aqui que o princípio de Sartre, que transpõe em termos de escolha individual e de formas de liberdade as respostas do ser sensível às determinações da economia (que ocorrem sob forma de comunicação ou de contágio poéticos), tem a virtude de fazê-las entrar no *inexistente*. É que a escolha e, de maneira geral, a posição de Jean-Paul Sartre estão de dois pontos de vista situadas na esfera metafísica: na medida em que saem dos dados subjetivos da sensibilidade e daqueles, objetivos, da atividade; na medida em que respondem, ou

pretendem responder, às questões que extraviam o espírito. Logo se disse do pensamento que ele procede necessariamente de postulados metafísicos, que é inútil não considerar segundo seu modo: já que é igualmente inútil considerá-los dessa maneira! A vida ativa (essencialmente a atividade econômica e a ciência que a reflete) e a vida sensível (a religião, o erotismo e seus prolongamentos sob formas de arte) são possíveis independentemente dos postulados metafísicos variáveis que as autorizam. E não apenas elas o são a partir de um postulado que enuncia a impossibilidade de uma metafísica, mas é também, em contrapartida, da essência da especulação metafísica opor um obstáculo à vida ativa ou sensível. Assim o quer a propensão do homem a tomar pelo todo a parte à qual está sempre limitado o indivíduo: e é fácil imaginar, na origem de uma metafísica, uma barra oposta à sensibilidade ou à atividade e como que uma recusa de viver. O interesse pela vida limitado à liberdade da escolha me parece sob esse aspecto ter feito de Sartre neste mundo atual como que um exilado voluntário. Ele pode muito bem enunciar audaciosamente o paradoxo da liberdade engajada, o mundo da atividade se fecha a suas ocas especulações. A atitude política de Sartre é mais frustrante do que ele acredita: ela se limita a uma crítica intelectual da posição comunista. Ele parece esperar que o comunismo – a ação real – dará seu lugar à liberdade sartriana. Mas esse princípio terá no mundo o lugar que a *ação* de Sartre lhe der. Parece, na verdade, que Sartre, tendo, de fora, postulado a necessidade de agir, o fez sem poder engajar a ação, sem sequer ter o gosto por engajá-la. Não é necessariamente lamentável. Mas o que significa um desejo de ação que não age, que se desvia, no entanto, da vida sensível?

Não poderíamos nos remeter quanto a isso a princípios simples, independentes dos pressupostos metafísicos? Não *conhecemos* nem Deus nem o diabo, e, quando toma um sentido metafísico, a ideia de liberdade nos extravia, mas temos de escolher incessantemente: o trabalho e o prazer, a atividade produtiva e a despesa improdutiva, a resposta à preocupação com o amanhã e a exigência imediata da sensibilidade nos propõem a todo momento direções opostas. Podemos tergiversar, bancar o asno de Buridan, mas não podemos evitar responder alternadamente nos dois sentidos. Não podemos suprimir a necessidade de agir, e a ação nunca reduz inteiramente a exigência do ser sensível. A ação tem diante de si o mundo para mudar e, querendo mudá-lo, precisa no fim reduzi-lo a seu próprio princípio. A ação quer um mundo do trabalho, tendo como direção ou leis apenas as do trabalho: ela atribui à liberdade de todos os homens o limite das necessidades da produção. Ela parece mesmo ter em vista a subordinação do indivíduo a fins produtivos. Mas só é assim aparentemente. A existência sensível, liberada (não se trata mais de liberdade metafísica) da necessidade do trabalho, não pode ser reduzida. O interesse do instante presente não pode ser suprimido pelo interesse do amanhã. O mundo do trabalho, onde a obrigação de responder à preocupação com o amanhã é a mesma para todos, não separa e sim aproxima a humanidade dessa pura existência sensível, dilapidadora, de que a poesia é a forma mais plena. E decerto ninguém pode exigir de outrem que tome parte na produção de recursos – ou na atividade política prévia – sem elevar essa exigência ao rigor. Mas a oposição aparente ao *erro* da pura dilapidação poética, o desejo de ligar a poesia à obra comum, empreendida com vistas ao amanhã, não pode ter em nenhum caso como consequência reduzir um irredutível, subordinar ao primado do amanhã as potências soberanas. Se esse desejo pode conduzir a poesia a não mais se satisfazer com trapaças, se pode impedir que uma propensão do poeta a mentir beneficie formas de vida equívocas, ele os situa, em contrapartida, diante da exigência mais total já formulada pelo ser humano: que se revela, de fato, na medida em que se completa o desejo do homem do trabalho de ser o único *fim* da atividade. É preciso dizer, aliás, que neste ponto do tempo em que estamos situados a poesia exige essa contestação extrema da poesia, que ora se faz de fora – e ora interroga de dentro. É mesmo duvidoso, se consideramos a atividade poética moderna, que a contestação possa ser por um instante desligada dela. De maneira que a análise de Sartre, em que a possibilidade da poesia é em certo sentido posta em dúvida, longe de ir de encontro à *angústia da poesia*, alimenta-a e concorda com ela. Só difere dela na medida em que Sartre a acusa de um ponto de vista que não é o dela: só podemos, falando em favor da poesia, revidar colocando em dúvida a validade dos fundamentos de seu estudo. Acredito que eles acarretavam necessariamente uma estreiteza de perspectiva: esta obrigava a introduzir, em forma de defesa, o ponto de vista diferente da poesia. Mas bem mais que recusá-las, a poesia solicita as denúncias concordantes dos filósofos e dos homens de ação. Opõe-lhes apenas o poder que ela tem incessantemente de reduzir àquilo que ela revela a humanidade, de que a política e o pensamento são os servidores.

Além disso, há nos manuscritos de Bataille outras páginas que não figuraram na versão final do ensaio (embora redigidas para esta):

[páginas 7-7 (I)]

No que se segue a isso, Sartre tem o cuidado de fornecer negativamente a exposição de uma maneira de pensar que me parece fundamental, que não me é particular, mas que desenvolvo no conjunto dos meus escritos.

O homem se define para mim pela posição de um interdito ao qual ele se submete, mas, não obstante, ele pratica a transgressão. O exemplo é dado no interdito, relativamente recente, da nudez. Nas roupas, descobrimos aquilo que Sartre não quer ver, um meio de alcançar a nudez. Descobrimos no interdito um meio de alcançar a transgressão.

Sartre é tão radicalmente fechado a essa verdade que condena na posição moral de Baudelaire a atitude que é o princípio da ação humana, que a opõe à do animal, alheio ao interdito e à transgressão que é sua consequência. (*Aqui uma nota incompleta remetia provavelmente a* O erotismo.)

[páginas 10-10 (I)]

Sartre imagina que tinha condenado Baudelaire, que tinha definitivamente demonstrado a puerilidade de sua atitude.

Na verdade, não tinha feito mais que descobrir as condições em que o homem escapa dos interditos que criou para si mesmo, condições que meus escritos em seu conjunto têm por finalidade colocar em valor. Seu julgamento é o contrassenso dos contrassensos, vindo de um filósofo da liberdade. Onde vê a miséria da poesia, ele define o acordo fundamental entre a poesia e a transgressão, entre a transgressão e a infância. Não sabe que a atitude clara e lógica do adulto é em nós aquilo que interdita os caminhos inconfessáveis da liberdade.

[*Essa última palavra remete a esta nota:*]

Este estudo sobre Baudelaire foi publicado em janeiro-fevereiro de 1947 no número 8-9 da revista *Critique*, p. 3-27. Naquele momento, eu não tinha, do que se tornou depois uma doutrina articulada, mais que uma ideia ainda hesitante. Estava buscando, e o contrassenso de Sartre me ajudava. Mas ainda não sabia exprimir claramente minha posição. É somente agora (julho de 1956) que posso ligá-la à representação de conjunto que se encontra em particular em O erotismo.

Michelet[1]

[1] Publicado inicialmente em 1946 como prefácio ao livro: MICHELET, Jules. *La Sorcière* [A bruxa]. Texte integral avec l'avant-propos de Ad. Van Bever. Préface de Georges Bataille. Paris: Éditions des Quatre Vents, 1946. (N.E.)

Poucos homens apostaram mais ingenuamente que Michelet em algumas ideias simples: a seus olhos, o progresso da Verdade e da Justiça e o retorno às leis da Natureza seguramente se completariam. Sua obra é, nesse sentido, um belo ato de fé. Mas, se ele percebeu mal os limites da razão, as paixões que a contrariam – é o paradoxo que me interessa – encontraram nele, algumas vezes, um cúmplice. Não sei como ele chegou a escrever um livro tão orientado para elas quanto *A bruxa*[2] (decerto um trabalho da chance – aparentemente, alguns dossiês não utilizados, reunidos ao longo dos anos, levaram à sua redação). *A bruxa* faz de seu autor um daqueles que falaram mais humanamente do *Mal*.

Tenho a impressão de que ele se extraviou. Os caminhos que seguiu – ao acaso, guiado por uma curiosidade "malsã" – não deixam por isso de levar a nossas verdades. Esses caminhos, isso é certo, são os caminhos do *Mal*. Não do *Mal* que fazemos quando abusamos da força em detrimento dos fracos: mas sim daquele *Mal* que, pelo contrário, vai contra o interesse próprio, exige um desejo louco de liberdade. Michelet via nele o desvio tomado pelo *Bem*. Tentou, como podia, legitimá-lo: a bruxa era a vítima e morria no horror das chamas. Era natural inverter os valores dos teólogos. O Mal não estava do lado do carrasco? A bruxa encarnava a humanidade sofredora, que os fortes

---

[2] *La Sorcière*. As três edições brasileiras (Círculo do Livro, Aquariana e Nova Fronteira) optaram por *A feiticeira*. Prefiro *A bruxa*. (N.T.)

perseguiam. Essas maneiras de ver, decerto fundadas em parte, traziam *a priori* o risco de impedir o historiador de olhar mais longe. Mas sua defesa dissimula uma atitude profunda. Sensivelmente, aquilo que guiava Michelet era a vertigem do *Mal*: era uma espécie de extravio.

O abismo do *Mal* atrai independentemente dos proveitos ligados às más ações (ao menos a algumas delas, mas, se consideramos em seu conjunto as vias do *Mal*, quão poucas levam ao interesse!). Tal atrativo, que se desprende (com singular relevo) do horror dos sabás, define talvez, em sua profundidade, a dificuldade do problema moral. Falar de *A bruxa* (um dos livros menos ruins, historicamente, sobre a magia na sociedade cristã – não há nenhum que satisfaça as exigências da ciência – e, poeticamente, a obra-prima de Michelet) é para mim a oportunidade de colocar de maneira racional o problema do Mal.

O sacrifício

Os dados desse problema não são exteriores a suas origens históricas, constituídas pela oposição entre *malefício* e *sacrifício*. Não há lugar onde essa oposição seja tão viva quanto nesse mundo cristão, que a ilumina com os clarões de inumeráveis fogueiras.[3] Mas ela é mais ou menos a mesma em todos os tempos e em todos os lugares, atravessada pela seguinte constante: de um lado temos a iniciativa *social*, que faz a dignidade, ligada às *religiões*, do *sacrifício*; do outro, a iniciativa *particular*, não social, que marca o sentido pouco recomendável do *malefício*, ligado às práticas da *magia*. Essa constante responde decerto a alguma necessidade elementar, cujo enunciado deveria se impor por um caráter de evidência.

Eis o que é necessário demonstrar a esse respeito.

Assim como alguns insetos, em condições determinadas, dirigem-se juntos para um raio de luz, nós nos dirigimos todos para o lado

---

[3] Embora nos faltem informações sobre a própria bruxaria (nós a conhecemos principalmente através dos processos, e é de se temer que os investigadores, dispondo da tortura, tenham feito suas vítimas dizerem aquilo que tinham decidido fazê-las dizer, não o que realmente tinham feito), temos sobre a repressão de que ela foi objeto dados precisos, bem conhecidos por Michelet.

oposto de uma região dominada pela morte. A mola propulsora da atividade humana é geralmente o desejo de atingir o ponto mais afastado do domínio fúnebre (que o podre, o sujo e o impuro distinguem): apagamos por toda parte os rastros, os signos, os símbolos da morte, ao preço de esforços incessantes. Apagamos mesmo, *a posteriori*, se possível, os rastros e os signos desses esforços. Nosso desejo de nos *elevar* não é mais que um sintoma, entre cem outros, dessa força que nos dirige para os antípodas da morte. O horror que os ricos sentem pelos operários ou o pânico que se apossa de pequenos burgueses diante da ideia de caírem na condição operária se devem ao fato de que aos olhos deles os pobres estão mais sujeitos à morte. Às vezes, mais que a própria morte, essas vias suspeitas da imundície, da impotência, do desperdício, que deslizam para ela, são objeto de nossa aversão.

Essa inclinação angustiada atua talvez ainda mais em nossas afirmações de princípios morais do que em nossos reflexos. Nossas afirmações decerto são veladas: palavras altissonantes conferem a uma atitude negativa um sentido positivo, evidentemente vazio, mas ornado do resplendor dos valores brilhantes. Colocamos sempre acima de tudo o bem de todos – o ganho fácil e a paz assegurada –, fins legítimos e puramente negativos (trata-se tão somente de afastar a morte). Na escala da sabedoria, nossas concepções gerais da vida são sempre redutíveis ao desejo de durar. Michelet, nesse quesito, não difere dos mais sábios.

Essa atitude e esses princípios são imutáveis. Ao menos na medida em que são, permanecem e devem permanecer a base. Mas não poderíamos nos ater inteiramente a eles. Mesmo buscando apenas o interesse que eles perseguem, em certa medida é necessário contravir a eles. É necessário à vida por vezes não fugir das sombras da morte, deixá-las crescer, ao contrário, nela, até os limites do desfalecimento; ao final, da própria morte. O constante retorno de elementos repudiados – em oposição aos quais se dirigem os movimentos da vida – é dado nas condições normais, mas de maneira insuficiente. Ao menos, não basta que as sombras da morte renasçam *contra nossa vontade*: devemos ainda evocá-las *voluntariamente* – de um jeito que corresponda com exatidão a nossas necessidades (falo das sombras, não da própria morte). Para isso nos servem as artes, cujo efeito, nas salas de espetáculos, é o de nos levar ao mais alto grau de angústia. As artes – ao menos algumas delas – evocam incessantemente diante de nós essas desordens, esses dilaceramentos e essas degradações que toda a nossa atividade tem por fim evitar. (Essa proposição se mostra verdadeira até mesmo na arte cômica.)

Por menos peso que tenham, em última instância, esses elementos que queremos eliminar de nossa vida, mas que o desvio das artes traz de volta para ela, eles não deixam de ser signos da morte: se rimos, se choramos, é que, por enquanto, vítimas de um jogo ou depositários de um segredo, a morte nos parece *leve*. Isso não significa que o horror inspirado por ela tenha se tornado estranho para nós: mas que, por um instante, nós o superamos. Os movimentos de vida provocados dessa maneira são decerto destituídos de alcance prático: não têm a força de persuasão daqueles que, procedendo da aversão, conferem o sentimento do trabalho necessário. Mas nem por isso têm menos valor que estes. Aquilo que o riso ensina é que, ao fugir prudentemente dos elementos de morte, visamos apenas *conservar a vida*: ao passo que, entrando na região de que a prudência nos manda fugir, *nós a vivemos*. Pois a loucura do riso é apenas aparente. Queimando ao contato da morte, extraindo dos signos que representam seu vazio uma consciência redobrada do ser, reintroduzindo – violentamente – aquilo que devia ser afastado, o riso nos tira, por algum tempo, do impasse em que aqueles que sabem tão somente conservá-la encerram a vida.

Excedendo a intenção limitada que tenho de colocar, *de maneira racional*, o problema do Mal, direi do *ser* que somos que ele é em primeiro lugar ser finito (indivíduo mortal). Seus limites, decerto, são necessários ao ser, mas mesmo assim ele não pode suportá-los. É transgredindo esses limites necessários para conservá-lo que ele afirma sua essência. O caráter *finito* dos seres conhecidos seria contrário, temos de admitir, a outros caracteres do ser, se não fosse aliviado por uma extrema instabilidade. Aliás, não importa: devo ainda recordar que essas artes, que mantêm em nós a angústia e a superação da angústia, são as herdeiras das religiões. Nossas tragédias, nossas comédias são os prolongamentos dos antigos sacrifícios, cuja organização corresponde mais claramente a minhas descrições. Praticamente a totalidade dos povos atribuiu a maior importância a destruições solenes de animais, de homens ou de vegetais, ora real, ora ficticiamente de grande valor. Essas destruições, em seu princípio, eram tidas por criminosas, mas a comunidade tinha a obrigação de consumá-las. Os fins abertamente atribuídos aos sacrifícios sendo os mais diversos, nós mesmos precisamos buscar mais longe a origem de uma prática tão geral. A opinião mais judiciosa via no sacrifício a instituição que fundava o laço social (ela não dizia, é verdade, a razão pela qual uma efusão de sangue, mais que outros meios, efetivava o laço social). Mas, se precisamos nos aproximar – o mais perto e o máximo de vezes possível – do próprio objeto de nosso horror, se o fato de *introduzir na vida, lesando-a o mínimo possível, a maior soma possível de elementos que a contrariam* define nossa natureza, a operação do sacrifício não é mais essa conduta humana elementar, contudo ininteligível, que era até aqui. (Era preciso, no final, que um costume tão eminente correspondesse "a alguma necessidade elementar cujo enunciado se impõe por um caráter de evidência".)

É claro, *a maior soma possível* costuma ser pouco, e, para reduzir ao mínimo o desgaste, recorreu-se a diversas trapaças. Isso dependeu da força relativa: se um povo tinha estômago para isso, levava as coisas mais longe. As hecatombes astecas indicam o grau de horror a que se pôde chegar. Os milhares de vítimas astecas do Mal não eram apenas prisioneiros: os altares eram alimentados por guerras, e a morte no combate associava expressamente os homens da tribo à morte ritual dos outros. Acontecia até, durante certas festas, de os mexicanos sacrificarem seus próprios filhos. O caráter da operação, que exige que ela atinja o mais alto grau tolerável de horror, desprende-se a esse respeito de maneira penosa. Foi necessária uma lei para punir os homens que, vendo essas crianças conduzidas ao templo, desviavam-se do cortejo. O limite, no extremo, é o desfalecimento.

A vida *humana* implica esse violento movimento (senão, poderíamos prescindir das artes).

O fato de que momentos de intensidade da vida sejam necessários para fundar o laço social é de interesse secundário. Decerto, é preciso que o laço seja fundado, e compreendemos facilmente que o tenha sido pelo sacrifício: pois os momentos de intensidade são os momentos de excesso e de *fusão* dos seres. Mas os seres humanos não foram levados a seu ponto de fusão *porque* deviam formar sociedades (como fundimos pedaços de um metal visando fazer deles um novo de uma só peça). Quando chegamos, pela angústia, e pela superação da angústia, a esses estados de fusão de que o riso ou as lágrimas são casos particulares, respondemos, parece-me, de acordo com os meios próprios ao homem, à exigência elementar dos seres finitos.

O malefício e a missa negra

Longe de ser a origem do sacrifício, a instituição do laço social é mesmo de natureza a diminuir sua virtude. O sacrifício ocupa na cidade o lugar elevado, está ligado às preocupações mais puras, mais santas, e ao mesmo tempo mais conservadoras (no sentido da manutenção da vida e das obras). Na realidade, aquilo que ele funda afasta ao máximo do movimento inicial que é seu sentido. O mesmo não se dá com o *malefício*. Os autores dos sacrifícios tinham consciência do crime que a imolação era no fundo. Mas a consumavam visando a um bem. O Bem permanecia a finalidade última do sacrifício. A operação era assim viciada e como que falha. O *malefício*, evidentemente, não tem o fracasso do sacrifício como origem, mas não fracassa pelas mesmas razões. Ele era consumado para fins alheios, frequentemente mesmo opostos ao Bem (é por isso que ele difere do sacrifício, não por qualquer outro caráter essencial). Havia poucas chances, nessas condições, de que a transgressão que o funda se atenuasse. Ela podia inclusive ser agravada.

O sacrifício reduz, se possível, a intrusão de elementos perturbadores: ele extrai seus efeitos da oposição obtida marcando-se a pureza, a nobreza da vítima e dos lugares. Do lado do malefício, ao contrário, a insistência no elemento pesado é possível. Embora não seja essencial ao domínio da magia, essa insistência encontra nele seu campo de eleição. A bruxaria se tornou, na Idade Média, exatamente o avesso de uma religião que se confundia com a moral. Sabemos pouco sobre o *sabá* – só as investigações repressivas nos fornecem informações sobre ele, e os acusados, cansados de guerra, podiam acabar fazendo confissões conformes às ideias dos próprios investigadores – mas podemos admitir, como Michelet, que ele foi a paródia do sacrifício cristão – aquilo que foi chamado de *missa negra*. E mesmo que os relatos tradicionais tenham sido em parte imaginados, eles corresponderam em alguma medida aos dados reais: tinham ao menos o valor significativo de um mito, ou de um sonho. O espírito humano, submisso à moral cristã, é levado a desenvolver as novas oposições tornadas possíveis. Todos os caminhos que permitem que nos aproximemos mais do próprio objeto de nosso terror têm seu valor. De um relatório eclesiástico Michelet extrai a evocação perturbadora desse movimento do espírito que avança, treme, e que uma fatalidade conduz ao pior: "Alguns", diz ele, "só viam ali terror; outros ficavam emocionados com a altivez melancólica em que parecia absorvido o eterno Exilado". Esse deus de que os fiéis "preferiram as costas", que de modo algum servia à preocupação de garantir as obras comuns, corresponde a uma atitude resoluta que ia no sentido da noite. A imagem da morte infamante de Deus, a mais paradoxal e a mais rica, no ápice da ideia de sacrifício, é superada nessa inversão. A situação particular da magia, que não era limitada por um sentimento de responsabilidade e de medida, confere à *missa negra* o sentido de um extremo dos possíveis.

A grandeza incompreendida desses ritos de conspurcação, cujo sentido é uma nostalgia de conspurcação infinita, não poderia ser supervalorizada. Eles têm o caráter de parasitas: são as inversões do tema cristão. Mas a inversão, partindo de uma audácia já excedente, conclui um movimento cujo fim é reencontrar aquilo de que o desejo de durar nos obriga a fugir. O desenvolvimento popular dos *sabás* correspondeu talvez, no fim da Idade Média, ao declínio de uma Igreja de que ele é, se quisermos, a luminosidade morrente. As inumeráveis fogueiras, os suplícios de todo tipo que a angústia dos padres opôs a esse movimento revelam seu sentido. Esse caráter excepcional é sublinhado ainda pelo fato de que os povos perderam desde então o poder de responder a seus sonhos por meio de ritos. Assim, o *sabá* pode ser tido por uma última palavra. O homem mítico morreu, deixando-nos esta última mensagem – no fim das contas, uma risada negra.

É a honra de Michelet ter atribuído a essas festas do não-sentido o valor que lhes é devido. Ele restituiu seu calor humano, que é menos o calor dos corpos que o dos corações. Nada garante que ele tenha razão em ligar os sabás às "grandes e terríveis revoltas", às *jacqueries*[4] da Idade Média. Mas os ritos de bruxaria são ritos de oprimidos. A religião de um povo conquistado muitas vezes se tornou a magia de sociedades formadas a partir da conquista. Os ritos das noites da Idade Média prolongam decerto em algum sentido aqueles das religiões dos antigos (guardando destas os lados suspeitos: Satã é em certo sentido um *Dionysos redivivus*): são ritos de *pagani*, de camponeses, de servos, de vítimas de uma ordem das coisas dominante e da autoridade de uma religião dominante. Nada é claro no que concerne a esse mundo de baixo: Michelet também deve ser honrado por ter falado dele como

---

[4] Insurreições populares (a *Jacquerie* propriamente dita foi uma revolta popular ocorrida em 1358). (N.T.)

de *nosso mundo* – animado pelo tremor de nosso coração –, carregando em si a esperança e o desespero que são nosso lote, nos quais nos reconhecemos.

Os acentos que Michelet encontrou para afirmar a eminência das mulheres nessas obras malditas parecem igualmente dos mais verdadeiros. O capricho e a doçura feminina iluminavam o império das trevas; alguma coisa da bruxa, em contrapartida, liga-se à ideia que temos da sedução. Essa exaltação da Mulher e do Amor, que funda hoje nossas riquezas morais, não tem suas origens apenas nas lendas cavalheirescas, mas também no papel que a mulher teve na magia: "Para um bruxo, dez mil bruxas...", e a tortura, as tenazes e o fogo as esperavam.

Que Michelet tenha tirado esse mundo, tão prenhe de sentido humano, do opróbrio é um título de glória. A primeira edição de *A bruxa*, sob o Império,[5] causou escândalo, e a polícia recolheu os exemplares à venda. O livro foi publicado em Bruxelas por Lacroix e Verbœckhoven (que, poucos anos depois, publicariam *Os cantos de Maldoror*, essa epopeia do Mal). A fraqueza de Michelet – mas não é essa a fraqueza em geral da inteligência humana? – foi a de, querendo tirar a bruxa do opróbrio, ter feito dela a servidora do *Bem*. Ele quis legitimá-la através de uma *utilidade* que ela teria tido, quando a parte autêntica de suas obras a situa fora do domínio do útil.

O Bem, o Mal, o *valor* e a vida de Michelet

Fornecerei agora a conclusão desta exposição sobre o problema do Mal.

Acho que o quadro que esbocei deixa claro o seguinte. A humanidade persegue dois fins. Um, negativo, consiste em conservar a vida (evitar a morte), o outro, positivo, em aumentar sua intensidade. Esses dois fins não são contraditórios. Mas a intensidade nunca é aumentada sem perigo; a intensidade desejada pelo grande número (ou corpo social) está subordinada à preocupação de manter a vida e suas obras, que possui um primado indiscutido. Mas, quando buscada pelas minorias, ou pelos indivíduos, ela pode o ser sem esperança, para além do desejo

---

[5] Bataille se refere ao Segundo Império (1852-1870), o de Napoleão III. A primeira edição de *La Sorcière* é de 1862. (N.T.)

de durar. A intensidade varia de acordo com a maior ou menor liberdade. Essa oposição da intensidade à duração vale no conjunto e reserva diversas possibilidades de acordo (o ascetismo religioso, por exemplo; e, do lado da magia, a busca dos fins individuais[6]). A consideração do Bem e do Mal deve ser revista a partir desses dados.

A intensidade pode ser definida como *o valor* (é o único valor positivo), a duração, como o *Bem* (é a finalidade geral proposta à virtude). A noção de intensidade não é redutível à de prazer, pois, como vimos, a busca da intensidade exige que enfrentemos o mal-estar, que cheguemos aos limites do desfalecimento. Aquilo que chamo *valor* difere, portanto, do *Bem* e do prazer. O valor ora coincide com o *Bem*, ora não coincide. Às vezes, coincide com o *Mal*. O *valor* se situa *além do Bem e do Mal*, mas sob duas formas opostas, uma ligada ao princípio do *Bem*, outra ao do *Mal*. O desejo do *Bem* limita o movimento que nos leva a buscar o *valor*. Enquanto a liberdade para o Mal, ao contrário, abre um acesso às formas excessivas do *valor*. Contudo, não poderíamos concluir desses dados que o *valor* autêntico se situa do lado do *Mal*. O próprio princípio do *valor* exige que cheguemos "o mais longe possível". Sob esse aspecto, a associação ao princípio do Bem dá a medida do "mais longe" do corpo social (o ponto extremo além do qual a sociedade constituída não pode avançar); a associação ao princípio do *Mal*, o "mais longe" que, *temporariamente*, os indivíduos atingem – ou as minorias; "mais longe" ninguém pode ir.

Existe um terceiro caso. Alguma minoria pode, num ponto de sua história, superar a pura e simples revolta, assumindo pouco a pouco as obrigações de um corpo social. Esse último caso traz consigo diversas possibilidades de deslize.

Acho bom admitir aqui que Michelet permaneceu no equívoco. Ele dava ao mundo que estava representando mais que um caráter de revolta: uma preocupação mais elevada de assegurar o porvir, a duração! Limitava assim as liberdades de atitudes que organizavam o sentido do mundo. Seja dito sem intenção de rebaixar (gostaria de sugerir, pelo contrário, um sentimento de força) que a própria vida de Michelet correspondeu a esse equívoco. A angústia, evidentemente,

---

[6] Esses fins, é verdade, visam normalmente ao excesso, não ao Bem puro e simples, à conservação. Mantêm-se assim favoráveis à intensidade.

guiava-o – extraviava-o até – no momento em que escreveu um livro em que arde uma perturbadora paixão. Numa passagem de seu *diário* (que não pude ler, ele ainda não está acessível, mas obtive, sobre esse ponto, esclarecimentos suficientes de terceiros), ele diz que, ao longo de seu trabalho, ocorria de lhe faltar inspiração: descia então de sua casa e ia para uma edícula cujo odor era sufocante. Respirava profundamente e, tendo assim se "aproximado, o máximo que podia, do objeto de seu horror", voltava a seu trabalho. Não posso senão evocar o rosto do autor, nobre, emaciado, as narinas frementes.

William Blake[1]

---

[1] Retomada do artigo publicado em duas partes na revista *Critique* (n. 28 e n. 30, set.-nov. 1948) sob o título "William Blake ou la vérité du mal" [William Blake ou a verdade do mal]. (N.E.)

Se tivesse de dizer quais são os escritores da literatura inglesa de maior valor emocional para mim, sem sequer hesitar nomearia John Ford, Emily Brontë e William Blake.[2] Classificações assim fazem pouco sentido, mas esses três nomes reunidos têm aqui poderes semelhantes. Saíram recentemente da penumbra, e aquilo que uma excessiva violência anuncia neles é a *pureza* do Mal.

Ford deixou do amor criminoso uma imagem incomparável. Emily Brontë viu na maldade de um menino adotado a única resposta clara à exigência que a consumiu. Blake, em frases de uma simplicidade peremptória, soube reduzir o humano à poesia e a poesia ao Mal.

A vida e a obra de William Blake

A vida de William Blake foi talvez banal; uma vida regular e sem aventura. Ela impressiona, contudo, por um caráter de exceção absoluta: é que, em grande medida, ela escapa dos limites comuns da

---

[2] Na França, o pintor visionário, o poeta William Blake só é conhecido e apreciado há pouco tempo e por um pequeno número de pessoas. É raro que seus escritos tenham tocado aqueles que poderiam se encontrar em seu resoluto movimento de liberdade. O caráter religioso de sua vida e de seu pensamento decerto atrapalhou sua recepção. Talvez ele não tenha encontrado na França os leitores que poderiam ter apreendido sua significação profunda. Fico surpreso de que o parentesco entre Blake e o surrealismo apareça tão raramente e com tão pouca clareza. Um escrito tão bizarro quanto *Uma ilha na lua* (*An Island in the Moon*) é praticamente desconhecido.

vida. Seus contemporâneos não o ignoraram totalmente: ele teve, ainda em vida, certa notoriedade, mas à parte. Se Wordsworth e Coleridge o apreciaram, decerto não foi irrestritamente (Coleridge, ao menos, lamentava a indecência de seus escritos). Em geral, ele foi posto de lado: "é um louco", diziam. O que foi repetido mesmo após sua morte.[3] Suas obras (seus escritos, suas pinturas) têm um caráter de desequilíbrio. Elas espantam por sua indiferença às regras comuns. Alguma coisa de

---

[3] Suas visões, de que falava com grande familiaridade, seus excessos de linguagem, a atmosfera de delírio de seus quadros e de seus poemas, tudo contribuía para fazer Blake passar por louco, mas superficialmente. Temos os testemunhos característicos de pessoas que, tendo-o conhecido e tomado inicialmente por um demente, logo perceberam seu engano e o reconheceram de bom grado. Não obstante, quando essas pessoas ainda estavam vivas, formou-se a lenda de uma estadia de 30 anos do visionário num manicômio. Essa lenda se funda, originalmente, num artigo publicado na *Revue Britannique*, de Paris, em 1833 (3ª série, t. IV, p. 183-186): "Os dois mais célebres habitantes do hospital de Bedlam", diz o autor anônimo, "são o incendiário Martin [...] e Blake, apelidado de o *Vidente*. Depois de passar em revista e submeter a meu exame toda aquela populaça de criminosos e insensatos, pedi que me conduzissem à cela de Blake. Era um homem grande e pálido, bem falante, realmente eloquente; em todos os anais de demonologia, nada é mais extraordinário que as visões de Blake. – Ele não era vítima de uma simples alucinação, acreditava profundamente na verdade de suas visões, conversava com Michelangelo, jantava com Semíramis... Aquele homem se fizera o pintor dos Espectros... Quando entrei em sua cela, estava desenhando uma pulga cujo espectro, segundo ele, tinha acabado de lhe aparecer...". De fato, Blake desenhou o referido espectro de pulga: o desenho intitulado *The Ghost of a Flea* está conservado hoje na Tate Gallery. Se não tivéssemos, ademais, um conhecimento detalhado e contínuo da vida de Blake, que exclui segundo toda verossimilhança uma estadia, por breve que fosse, em Bedlam, poderíamos ter levado a sério esse relato da *Revue Britannique*. Porém, Mona Wilson encontrou sua fonte. O cronista da *Revue Britannique* decalcou um artigo publicado em março de 1833 pela *Monthly Magazine*. Como a *Revue Britannique*, a *Monthly Magazine* fala do visionário Blake e do incendiário Martin, mas só a parte do relato que diz respeito a Martin fala de Bedlam. O autor da *Revue Britannique* simplesmente situou em Bedlam, em vez de um só, os dois personagens de que tratava o artigo que decalcou. Em Mona Wilson, *The Life of William Blake* (2. ed. London: Hart-Davis, 1948), encontram-se os textos inglês e francês dos dois artigos. É possível, desta vez, acabar com uma lenda cuja origem está inteiramente explicada. Entretanto, em 1875, um artigo da *Cornhill Magazine* falava ainda dos 30 anos que Blake tinha passado num manicômio. [Uma outra versão desta nota termina assim: "Dito isso, não é inútil esclarecer a reação de Blake em relação à Loucura. Ele escreve numa nota (por volta de 1819, à margem da página 154 do livro de Spurzheim, *Observation on the Deranged Manifestations of the Mind, or Insanity*) "Cowper (trata-se do grande poeta inglês) veio até mim e disse: 'Oh, eu queria ser sempre insensato. Nunca estarei em repouso. Não podeis fazer com que eu seja verdadeiramente insensato? Nunca estarei em repouso até que o seja. Oh, gostaria de me esconder no seio de Deus. Guardais a saúde e, no entanto, sois tão louco quanto nós todos – mais que nós todos – louco como um refúgio contra a descrença – contra Bacon, Newton e Locke'" (*Prose and Poetry*, p. 817). (N.E.)]

exorbitado, de surdo à reprovação dos outros, eleva ao sublime esses poemas e essas figuras de cor violenta. Blake foi mesmo um visionário, mas nunca deu um valor real a suas visões. Não era louco, tomou-as simplesmente por humanas, viu nelas as criações do espírito humano.

Foi dito de maneira bizarra[4]: "Muitos outros desceram tão fundo no abismo do inconsciente, mas não voltaram. Os manicômios estão cheios deles, pois a definição moderna do louco designa o homem que foi submergido pelos símbolos do inconsciente. Blake foi o único que se aventurou tão longe quanto eles e mesmo assim permaneceu são de espírito. Puros poetas que não tinham para segurá-los no mundo de cima outra corda além da poesia sucumbiram – como Nietzsche e Hölderlin". Essa representação da razão talvez seja razoável na medida em que figura a poesia como contrária à razão. Uma conformidade geral à razão da vida de um poeta iria de encontro à autenticidade da poesia. No mínimo, retiraria da obra um caráter irredutível, uma violência soberana, sem as quais a poesia fica mutilada. O autêntico poeta está no mundo como uma criança: pode, como Blake, ou como a criança, gozar de um inegável bom senso, mas o governo dos negócios não poderia lhe ser confiado. Eternamente, o poeta no mundo é menor: resulta daí esse dilaceramento de que a vida e a obra de Blake são feitos. Blake, que não foi louco, manteve-se na fronteira da loucura.

Sua vida inteira só teve um sentido: dar precedência às visões de seu gênio poético sobre a realidade prosaica do mundo exterior. Isso é ainda mais surpreendente dado que ele pertencia, e nunca deixou de pertencer, à classe pobre, para a qual essa preferência é difícil: para o rico, trata-se às vezes de uma afetação, que não sobreviveria à perda de sua fortuna. O pobre, em sentido contrário, é tentado a atribuir o essencial à queixa dos miseráveis. William Blake, nascido em Londres, em 1757, era filho de um modesto fabricante de roupas (provavelmente de origem irlandesa). Teve apenas uma instrução rudimentar, mas, gra-ças à solicitude de seu pai e a seus dons excepcionais (escreveu, aos 12 anos, poemas notáveis e manifestou uma rara aptidão para o desenho), entrou, aos 14 anos, no ateliê de um gravurista. Viveu com dificuldade desse ofício, desconcertando os compradores com suas composições extravagantes. Teve o apoio do grande amor de sua mulher, Catherine

---

[4] WITCUTT, William Purcell. *Blake. A Psychological Study*. London: Hollis and Carter, 1946. p. 18.

Boucher. Catherine Boucher tinha o porte longilíneo de suas figuras femininas. E sabia aplacá-lo em seus acessos de febre. Assistiu-o durante 45 anos, até a morte dele, em 1827. Ele tinha o sentimento de uma missão sobrenatural, e sua dignidade se impunha àqueles que o cercavam. Mas suas ideias políticas e morais escandalizavam. Usava uma touca vermelha no momento em que Londres via nos jacobinos franceses seus piores inimigos. Fez a apologia da liberdade sexual e, reza a lenda, quis impor à sua mulher a coabitação com uma amante. Na verdade, essa vida sem maiores se passou inteiramente num mundo interior, e as figuras míticas que compuseram esse mundo eram a negação das realidades exteriores, das leis morais e das necessidades que estas anunciam. A seus olhos, a frágil figura de Catherine Boucher ganhava um sentido na medida em que se misturava com os anjos de suas visões, mas, às vezes, negava nela as convenções que ela admitia e que a limitavam. Ao menos é verossímil que tenha sido assim. Até mesmo seus amigos deviam entrar, assim como os acontecimentos históricos de seu tempo, numa transfiguração em que se juntavam aos personagens divinos do passado. Uma espécie de poema, enviado junto a uma carta ao escultor Flaxman (datada de setembro de 1800), dá conta desse deslizamento de fora para dentro:

> Quando Flaxman foi para a Itália, Fuseli[5] me foi dado por um tempo.
> E agora Flaxman me deu Hayley, seu amigo e o meu, tal é meu lote aqui-embaixo.
> Meu lote no céu, ei-lo aqui. Milton me amou em minha infância e me mostrou seu rosto.
> Ezra veio a mim com Isaías, o profeta; mas Shakespeare, quando amadureci, levou-me pela mão.
> Nos abismos do Inferno, uma pavorosa mudança ameaçou a Terra.
> A guerra começou na América. Todos seus sinistros horrores passaram diante de meus olhos.
> Através do Atlântico até a França. Então começou a Revolução Francesa em espessas nuvens,
> E meus anjos me disseram que com semelhantes visões não poderei subsistir nesta terra,
> Senão ficando com Flaxman, que sabe perdoar os terrores nervosos.[6]

---

[5] O pintor zuriquense.

[6] Traduzido por M.-L. Cazamian, em BLAKE, William. *Poèmes choisis*. Paris: Aubier, 1944. p. 17. Bilíngue.

A soberania da poesia

Tentaram interpretar a "psicologia" (ou a mitologia) de William Blake introduzindo-a na categoria da "introversão" de C. G. Jung. Segundo Jung, "a intuição introvertida percebe todos os processos que estão no segundo plano da consciência quase tão distintamente quanto a sensação extrovertida percebe os objetos exteriores. Consequentemente, para a intuição, as imagens do inconsciente não têm menos dignidade que as coisas ou os objetos".[7] W. P. Witcutt tem razão em citar a esse propósito a expressão de Blake, segundo o qual "as percepções do homem não são limitadas pelos órgãos da percepção: ele percebe mais do que os sentidos podem descobrir (por mais agudos que sejam)".[8] Mas o vocabulário de Jung encerra uma parte de equívoco: a percepção, que não é redutível aos dados dos sentidos, não nos informa apenas daquilo que está no interior de nós (daquilo que, em nós, é introvertido). É o sentimento poético. A poesia não aceita os dados dos sentidos em seu estado de nudez, mas ela não é sempre, e mesmo raramente ela é o desprezo pelo universo exterior. São antes os limites precisos dos objetos entre si que ela recusa, mas admitindo seu caráter exterior. Ela nega, e destrói, a realidade próxima porque vê nela a tela que nos dissimula a figura verdadeira do mundo. Não por isso a poesia deixa de admitir a exterioridade *em relação ao eu* dos utensílios ou das paredes. O ensinamento de Blake se funda mesmo no valor em si – exterior ao *eu* – da poesia. "O Gênio Poético", diz um texto significativo,[9] "é o Homem verdadeiro, e o corpo, ou a forma exterior do homem, deriva do Gênio Poético... Assim como todos os homens têm a mesma força exterior, assim também (e com a mesma variedade infinita) eles são todos semelhantes pelo Gênio Poético... As Religiões de todas as Nações são derivadas da recepção do Gênio Poético próprio de cada Nação... Assim como todos os homens são semelhantes (embora infinitamente variados), assim também todas as Religiões; e

---

[7] JUNG, Carl Gustav. *Tipos psicológicos*. Citado em WITCUTT. *Blake. A Psychological Study*, p. 23.

[8] BLAKE, William. *There is no Natural Religion* (2d. Series). In: *Poetry and Prose*. Edited by G. Keynes. London: Nonesuch Press, 1948. p. 148.

[9] "All Religions Are One" (Todas as religiões são uma), por volta de 1788. In: BLAKE. *Poetry and Prose*. p. 148-149. "Todos os homens são semelhantes pelo Gênio poético": "A poesia deve ser feita por todos, não por um", dizia Lautréamont.

como tudo aquilo que se lhes assemelha, têm apenas uma fonte." Essa identidade entre o homem e a poesia não tem apenas o poder de opor a moral e a religião, e de fazer da religião a obra do homem (e não de Deus, não da transcendência da razão), ela devolve à poesia o mundo onde nos movemos. Esse mundo, de fato, não é redutível às *coisas*, que nos são ao mesmo tempo estranhas e subordinadas. Esse mundo não é o mundo profano, prosaico e sem sedução, do trabalho (é aos olhos dos "introvertidos", que não encontram a poesia na exterioridade, que a verdade do mundo se reduz à verdade da *coisa*): só a poesia, que nega e destrói o limite das coisas, tem a virtude de nos devolver à sua ausência de limite; o mundo, numa palavra, nos é dado quando a imagem que temos dele é *sagrada*, pois tudo o que é sagrado é poético, tudo o que é *poético* é *sagrado*.

Pois a religião não é mais que um efeito do gênio poético. Nada há na religião que não esteja na poesia, nada há que não ligue o poeta à humanidade, a humanidade ao universo. Normalmente, um caráter formal, fixado, subordinado às comodidades de um grupo (e dessa maneira às tarefas utilitárias, ou profanas,[10] da moral) afasta a figura da religião de sua verdade poética; do mesmo modo, a poesia é formal-mente entregue à impotência de seres servis. A mesma dificuldade se encontra a respeito de tudo: cada verdade geral tem sempre a aparência de uma mentira particular. Não há religião nem poesia que não min-tam. Não há religião nem poesia que, às vezes, não sejam redutíveis à incompreensão que terá delas a multidão *de fora*: contudo, a religião e a poesia nunca cessam de nos lançar apaixonadamente *fora de nós*, em grandes impulsos em que a morte não é mais o contrário da vida. Pre-cisamente, a pobreza da poesia, ou da religião, depende da medida em que o introvertido as reconduz à obsessão de seus sentimentos pessoais. A virtude de Blake foi a de despojar a figura individual de uma e de outra, e de lhes devolver essa clareza em que a religião tem a liberdade da poesia, a poesia o poder soberano da religião.

A mitologia de Blake interpretada pela psicanálise de Jung

Não houve verdadeira introversão da parte de Blake, ou sua pretensa introversão teve apenas um sentido: ela dizia respeito à particularidade,

---

[10] Subordinadas a fins materiais que frequentemente são aqueles de indivíduos egoístas.

à escolha arbitrária dos mitos que ele elaborou. Para outra pessoa que não ele, o que significam as figuras divinas de seu universo, que travam entre si, em longos poemas, inesgotáveis combates?

A mitologia de Blake introduz de modo geral o problema da poesia. Quando a poesia exprime os mitos que a tradição lhe propõe, ela não é autônoma, não tem em si mesma a soberania. Ilustra humildemente a lenda cuja forma e sentido existem sem ela. Se é a obra autônoma de um visionário, define aparições furtivas, que não têm a força de convencer e só têm um sentido verdadeiro para o próprio poeta. Assim, a poesia autônoma, por mais que seja aparentemente criadora de mito, não é mais, em última instância, que uma ausência de mito.

De fato, este mundo onde vivemos já não engendra mais novos mitos, e os mitos que a poesia parece fundar, se não são objetos de fé, revelam, no fim das contas, apenas o vazio: falar de Enitharmon não revela a verdade de Enitharmon, é mesmo confessar a ausência de Enitharmon neste mundo para o qual a poesia a chama em vão. O paradoxo de Blake é ter reconduzido a essência da religião à essência da poesia, mas ter ao mesmo tempo revelado, por impotência, que em si mesma a poesia não pode a uma só vez ser livre e ter o valor soberano. Isso quer dizer que, na verdade, ela não pode ao mesmo tempo ser poesia e religião. O que ela designa é a ausência da religião que ela deveria ter sido. Ela é religião como a lembrança de um ser amado, que nos desperta para o impossível que a ausência é. Ela é soberana, decerto, mas como o desejo, não como a posse do objeto. A poesia tem razão de afirmar a vastidão de seu império, mas não nos é permitido contemplar essa vastidão sem saber imediatamente que se trata de um engodo inapreensível; não é o império, mas antes a impotência da poesia.

É que na origem da poesia os grilhões caem, e permanece apenas a liberdade impotente. Falando de Milton, Blake dizia que ele era, "como todos os poetas, do partido dos demônios sem o saber". A religião que tem a pureza da poesia, a religião que tem a exigência da poesia não pode ter mais poder que o diabo, que é a pura essência da poesia: por mais que queira, a poesia não pode edificar, ela destrói, só é verdadeira revoltada. O pecado e a danação inspiravam Milton, de quem o paraíso retirava o impulso poético. Da mesma forma, a poesia de Blake definhava longe do "impossível". Seus imensos poemas em que se agitam fantasmas inexistentes não mobíliam o espírito, mas o esvaziam e o frustram.

Eles o frustram e estão ali para frustrá-lo, sendo feitos da negação de sua exigência comum. As visões de Blake eram, no movimento de criação, soberanas: os caprichos da imaginação desregrada se recusavam a prestar contas ao interesse. Não é que Urizen e Luvah não tenham sentido. Luvah é a divindade da paixão, Urizen da razão. Mas essas figuras míticas não deviam seu ser a um desenvolvimento lógico do sentido que tinham. De maneira que é inútil segui-las de perto. O estudo metódico dessas figuras tem talvez o poder de esmiuçar a "psicologia de Blake": mas, acima de tudo, faz com que se perca de vista seu traço mais marcante: o movimento arrebatado que a anima não é redutível à expressão de entidades lógicas, ele é o capricho, e permanece indiferente à lógica das entidades. É inútil querer reduzir a invenção de Blake a proposições inteligíveis, a medidas comuns. W. P. Witcutt escreve: "Os quatro Zoas de Blake não lhe são particulares. Eles constituem um tema que percorre toda a literatura, mas só Blake os apresenta como se estivessem grosseiramente no estado mitológico". É verdade, o próprio Blake forneceu o sentido de três dessas criaturas de sonho: Urizen, como seu nome indica, ao mesmo tempo "horizonte" e "razão", é o Príncipe da Luz: ele é Deus, "o terrível destruidor e não o Salvador". Luvah, cujo nome, próximo a *Love*, evoca o amor, é, como o Eros dos gregos, uma criança de fogo, é a expressão viva da paixão: "Suas narinas exalam uma chama ardente, os cachos de seus cabelos são como uma floresta de animais selvagens, onde brilha o furioso olhar do leão, onde ressoa o uivo do lobo e do tigre, onde a águia esconde seu filhote na parede rochosa do abismo. Seu seio se abre como um céu estrelado...". Los, o "Espírito de Profecia", está para Luvah como Apolo para Dionísio, e exprime bastante legivelmente as potências da imaginação. Só o sentido do quarto, Tharmas, não é fornecido explicitamente, mas W. P. Witcutt não hesita em encontrá-lo, completando as três funções da inteligência, do sentimento e da intuição com a quarta função, que é a sensação. Blake, de fato, diz dos quatro Zoas que eles são "os quatro Sentidos eternos do homem": ele vê em cada um de nós quatro potências (*four Mighty Ones*). Na verdade, essas funções de W. P. Witcutt são aquelas da psicologia de C. G. Jung: elas seriam fundamentais e poderiam ser encontradas não apenas no pensamento de Santo Agostinho, mas também na mitologia egípcia, e mesmo... nos *Três mosqueteiros* (que são quatro), ou nos *Quatro justos*, de Edgar Wallace! Esses comentários são menos loucos do que parecem, mas é justamente por serem razoáveis – e mesmo racionais – que se situam fora, aquém da emoção informe que Blake quis traduzir. Essa emoção só é apreendida no excesso, através do qual ela transpõe os limites e não depende mais de nada.

A epopeia mitológica de William Blake, sua acuidade de visão, sua necessidade e sua profusão, seus dilaceramentos, seus partos de mundos, seus combates de divindades soberanas ou rebeldes são de fato um prato cheio para a psicanálise. É fácil perceber aí a autoridade e a razão do pai, a tumultuosa revolta do filho. É natural buscar aí o esforço no sentido da conciliação dos contrários, a vontade de apaziguamento atribuindo um sentido final à desordem da guerra. Mas, a partir da psicanálise – seja ela de Freud, seja de Jung –, o que arriscamos encontrar além dos dados da própria psicanálise? Assim, a tentativa de esclarecer Blake à luz de Jung nos informa mais sobre a teoria de Jung do que sobre as intenções de Blake. Seria inútil discutir em detalhe as explicações trazidas. Mesmo uma tese geral não aparece tão malfundada. Decerto, trata-se, nos grandes poemas simbólicos, da luta entre divindades que encarnam as funções da alma; finalmente, sucedendo à luta, o instante apaziguado em que cada uma das divindades dilaceradas encontrará, na hierarquia das funções, o lugar que o destino lhe atribui. Mas uma tal verdade, de sentido vago, leva à desconfiança: parece-me que, dessa maneira, a análise enfia uma obra insólita num quadro que a anula e substitui o despertar por um pesadume sonolento. A resposta, segura e tranquila, é sempre a harmonia a que, é verdade, Blake chegou, mas dilacerado, ao passo que, para Jung, ou para W. P. Witcutt, a harmonia – o termo – de uma viagem tem mais sentido que um trajeto agitado.

Essa redução de Blake à representação do mundo própria a Jung é sustentável, mas deixa insatisfeito. Ao contrário, a leitura de Blake abria a esperança de uma irredutibilidade do mundo a quadros fechados, em que, de antemão, tudo está decidido, em que não subsistem nem busca, nem agitação, nem despertar, em que devemos seguir o caminho, dormir e misturar nosso ronco ao universal barulho de relógio do sono.

A luz lançada sobre o Mal: *O casamento do Céu e do Inferno*

A incoerência de sonho dos escritos visionários de Blake nada opõe à clareza que a psicanálise tem por finalidade introduzir de maneira definitiva. A incoerência não deve por isso deixar de ser claramente sublinhada. Madeleine L. Cazamian escreve: "Ao longo dessas narrativas exuberantes e confusas, os mesmos personagens morrem, ressuscitam, nascem diversas vezes em circunstâncias diferentes. Los e Enitharmon são aqui os filhos de Tharmas e de sua emanação, Eon, e Urizen é filho deles; acolá, ele é engendrado por Vola; a criação do mundo, portanto, não lhe é mais imputada, mas apenas sua organização de acordo com as leis da razão – mais tarde, em *Jerusalém*, ela passará a ser obra de Elohim, outro dos Eternos; ou emanará inteiramente do 'Homem universal'. Nos *Quatro Zoas*, Urizen se chama Urthona e se torna o espectro de Los; em outro poema, *Milton*, desempenhando o mesmo papel, ele parece idêntico a Satã. Monstro tenebroso da luz, diga-se de passagem; depois do Norte, cheio de sombras e geada, outros pontos cardeais lhe são entregues, de acordo com o desígnio simbólico a que ele se incorpora. Ora, ele era, e permanece o mais das vezes, o Jeová da Bíblia, o criador ciumento da religião mosaica, o fundador da lei, mas eis que Jeová em *Jerusalém* passa a ser invocado como o Deus do perdão, e é a graça especial que o 'cordeiro', ou Cristo, traz para tudo e todos. Em outro lugar ainda, quando Blake personifica a visão imaginativa, chama-a: Jeová-Elohim. – É impossível aqui tentar um esforço de interpretação completa. O poeta parece viver num pesadelo ou num deslumbramento...".[11]

O caos pode ser a via de um possível definível, mas se nos reportamos às obras de juventude, é no sentido de um *impossível* que ele se esclarece – no sentido de uma violência poética, e não de uma ordem calculada. O caos de um espírito não pode ser resposta à providência do universo, mas *despertar* na noite, onde só a poesia, ansiosa e desencadeada, responde.

O que chama a atenção na vida e na obra de Blake é a *presença* a tudo aquilo que o mundo propõe. De encontro à hipótese segundo a qual Blake ilustra o tipo do *introvertido* de Jung, nada há de sedutor, de simples, de feliz que ele não tenha celebrado: as canções, as risadas da infância, os jogos da sensualidade, o calor e a embriaguez das tavernas. Nada o irritava mais que a lei moral oposta às diversões.

> Mas se nos dessem cerveja na igreja
> E uma bela fogueira para iluminar nossos corações...[12]

Essa ingenuidade expõe inteiramente o jovem poeta aberto sem cálculo à vida. Uma obra carregada de horror começou na alegria das "flautas" (no momento em que Blake escreveu aqueles "cantos felizes que as crianças não podem escutar sem alegria").

Essa alegria anunciava um casamento, o mais singular que as "flautas" jamais anunciaram.

A alegria juvenil levava o poeta ao encontro de todos os contrários: o casamento que ele quis celebrar foi o do Céu e do Inferno.

---

[11] CAZAMIAN, Madeleine L. Introduction. In: BLAKE. *Poèmes choisis*, p. 76-77.

[12] "The Little Vagabond" [O pequeno vagabundo]. In: BLAKE. *Poetry and Prose*, p. 74.

Devemos prestar atenção nas frases singulares de William Blake. Elas têm na história o sentido mais carregado: aquilo que descrevem é, finalmente, o acordo do homem com seu próprio dilaceramento; em última instância, seu acordo com a morte, com o movimento que o precipita nela. Elas superam singularmente o alcance das frases simplesmente poéticas. Refletem com suficiente exatidão um retorno sem escapatória à totalidade do destino humano. Blake viria depois a exprimir sua agitação de uma maneira desvairada e desordenada, mas ele está no ápice da desordem que o possui: percebe, desse topo, em sua integridade e em sua violência, a vastidão do movimento que, precipitando-nos no pior, ao mesmo tempo nos eleva ao glorioso. Blake não foi em medida alguma um filósofo, mas pronunciou o essencial com um vigor e mesmo com uma precisão que a filosofia pode lhe invejar.

> Nada avança senão pelos Contrários. A Atração e a Repulsão, a Razão e a Energia, o Amor e o Ódio são necessários à Existência humana. Desses contrários nasce aquilo que as religiões chamam o Bem e o Mal. O Bem é o passivo subordinado à Razão. O Mal é o ativo que nasce da Energia.
> O Bem é o Céu. O Mal é o Inferno...
> Deus atormentará o Homem durante a Eternidade porque ele está submetido a sua Energia...
> A Energia é a única vida, e ela é do Corpo, e a Razão é o limite ou a circunferência que cerca a Energia.
> A Energia é Delícia eterna.[13]

Essa é a forma que tomou, por volta de 1793, esse célebre *Casamento do Céu e do Inferno*, que propunha ao homem não acabar de vez com o horror do Mal, mas sim substituir a fuga do olhar por um olhar lúcido. Não subsistia nessas condições nenhuma possibilidade de repouso. A Delícia eterna é ao mesmo tempo o Eterno despertar: talvez seja o Inferno, que o Céu só soube rejeitar em vão.

A pedra de toque, na vida de Blake, é a alegria dos sentidos. A sensualidade o opõe ao primado da razão. Ele condena a lei moral em nome da sensualidade. Escreve: "Assim como a lagarta escolhe as mais belas folhas para deitar seus ovos, assim o padre deita sua maldição sobre as

---

[13] "The Marriage of Heaven and Hell" [O casamento do Céu e do Inferno]. In: BLAKE. *Poetry and Prose*, p. 181-182.

alegrias mais belas".[14] Sua obra celebra resolutamente a felicidade sensual, a plenitude exuberante dos corpos. "A luxúria do bode", diz ele, "é a bondade de Deus", ou, mais adiante: "A nudez da mulher é obra de Deus".[15] No entanto, a sensualidade de Blake é diferente da escapatória que nega a sensualidade real percebendo nela apenas a saúde. Sua sensualidade está do lado da Energia, que é o Mal, que a devolve à sua significação profunda. Se a nudez é obra de Deus – se a luxúria do bode é sua bondade –, essa é a verdade que a sabedoria do Inferno anuncia. Ele escreve:

> Numa esposa, eu desejaria
> Aquilo que sempre se encontra nas putas –
> As feições do Desejo saciado.[16]

Em outros textos exprime com precisão o jorro da energia – a violência – que o Mal era a seus olhos. O poema seguinte tem o sentido de um relato de sonho:

> Vi uma capela toda de ouro,
> Onde ninguém ousava entrar,
> E uma multidão aos prantos do lado de fora,
> Aos prantos, de luto e adorando.
>
> Vi uma serpente se erguer entre
> Os pilares brancos da porta
> E ela forçou e forçou e forçou,
> E arrancou as dobradiças de ouro.
>
> E sobre o suave pavimento
> Engastado de pérolas e de rubis brilhantes,
> Estendeu-se em todo seu comprimento viscoso
> Até acima do altar branco,
>
> Vomitando seu veneno
> Sobre o pão e o vinho.
> Entrei então numa pocilga
> Onde me deitei entre os porcos.[17]

---

[14] BLAKE. *Poèmes choisis*, p. 184.

[15] BLAKE. *Poèmes choisis*, p. 183-184.

[16] "In a wife I would desire...". In: BLAKE. *Poetry and Prose*, p. 99.

[17] "I saw a chapel all of gold". In: BLAKE. *Poetry and Prose*, p. 87. Seria difícil oferecer uma descrição melhor do ato sexual como transgressão sacrílega de um interdito.

Blake certamente teve consciência da significação desse poema. A capela de ouro é decerto aquela do "Jardim de amor" dos "Cantos de experiência", no frontão da qual está escrito: "Não deves".[18]

Para além da sensualidade e de um sentimento de horror que está ligado a ela, o espírito de Blake se abria para a verdade do mal.

Ele o figurou na espécie do Tigre, em versos que se tornaram clássicos. Algumas frases são o contrário de uma escapatória. Nunca olhos mais escancarados fixaram o sol da crueldade:

> Tigre, Tigre, ardente e brilhante
> Nas florestas da noite
> Que mão, que olhares imortais
> Puderam formar tua terrível simetria?
>
> Onde está o martelo? onde está a corrente?
> De que braseiro saiu teu cérebro?
> Sobre que bigorna? e que golpes terríveis
> Ousaram soldar seus terrores mortais?
>
> Quando as estrelas jogaram suas lanças
> E regaram os céus com suas lágrimas,
> Sorriu ele à visão de sua obra?
> Aquele que fez o cordeiro também te fez?[19]

O poema que, na coletânea, vem imediatamente depois esclarece o sentido preciso da citação:

> Pedi a um ladrão que roubasse um pêssego para mim:
> Ele ergueu os olhos para o céu.
> Pedi a uma mulher leviana para deitar comigo:
> Santa e submissa, ela chorou.
> Assim que parti, um anjo surgiu:
> Ele piscou para o ladrão
> E sorriu para a mulher,
> E sem dizer palavra
> Pegou um pêssego da árvore
> E, meio grave, meio brincalhão,
> Gozou da Mulher.

[18] BLAKE. *Poetry and Prose,* p. 74.

[19] "Songs of Experience" [Cantos de Experiência]. In: BLAKE. *Poetry and Prose*, p. 72-73.

Na fixidez do olhar de Blake, adivinho tanta resolução quanto medo. Da mesma forma, parece-me difícil ir mais fundo no abismo que o homem é para si mesmo do que nessa representação do Mal:

A Crueldade tem um Coração Humano,
E o Ciúme uma Figura Humana;
O Terror tem a Divina Forma Humana,
E o Mistério tem a Vestimenta do Homem.

A Vestimenta do Homem é o Ferro que se forja,
A Forma Humana, uma Forja de chama,
A Figura humana, uma fornalha chumbada,
O Coração Humano, sua Goela esfaimada.[20]

Blake e a Revolução Francesa

Tamanho excesso não esclarece o mistério a que está ligado. Ninguém poderia elucidá-lo. Em sua exatidão, os sentimentos que o suportam se esquivam. Somos abandonados à contradição insolúvel. O sentido do Mal afirmado é afirmação da liberdade, mas a liberdade do Mal é também negação da liberdade. Essa contradição nos ultrapassa, como não teria ultrapassado Blake? Revoltado, Blake clamava pela Revolução, pelo poder do povo. Contudo, exaltava o desencadeamento cego da força (então o elemento cego lhe parecia corresponder ao excesso que o divino designa). Os "Provérbios do Inferno" dizem: "A Cólera do Leão é a Sabedoria de Deus". E: "O rugido dos leões,

---

[20] BLAKE. *Poetry and Prose*, p. 81. O título das duas estrofes é "Uma imagem divina". A primeira foi composta a partir de outra de sentido rigorosamente oposto (através de um procedimento que recorda aquele de Lautréamont nas *Poesias*, mas Lautréamont partia de frases de outros autores, Blake, de suas próprias):

> [...] A Misericórdia tem um coração humano,
>
> A Piedade, uma figura humana
>
> E o Amor, a divina forma humana,
>
> E a Paz, a vestimenta do homem.

Esses últimos versos figuram num poema intitulado "A imagem divina", que se encontra (*Prose and Poetry,* p. 58-59) nos "Cantos de inocência", anteriormente aos "Cantos de experiência" (1794). Para Blake, a reunião das duas séries de poemas, em 1794, mostrava "os dois estados contrários da alma humana".

o uivo dos lobos, os furores do mar revolto são parcelas da eternidade grandes demais para o olho do homem".[21]

"O rugido dos leões" desperta para o sentimento do impossível: ninguém pode lhe dar um sentido aceitável para o espírito humano. Ao que ele é, só podemos despertar, sem esperança, uma vez despertos, de repousar. A partir daí, não apenas a confusão das epopeias não importa mais, mas também, esforçando-nos para sair dela, passamos do despertar da confusão para o sono da explicação lógica. O que importa para Blake (que é "grande demais para o olho do homem", mas o que *Deus* significa no espírito de Blake, senão o *despertar* para o sentimento do *impossível?*), é justamente aquilo que a redução à medida comum do possível elimina. Não é nada, se quisermos, falar do leão, do lobo ou do tigre, mas esses animais selvagens, em que Blake percebia "parcelas da eternidade", anunciam aquilo que desperta, aquilo que é furtado pelo movimento, que adormece, da linguagem (que substitui o insolúvel por uma aparência de solução, e a verdade violenta por uma tela que a dissimula). Em resumo, o comentário que não se limita a dizer que o comentário é inútil, impossível, afasta da verdade mesmo quando, em si mesmo, aproxima-se dela: é que ele interpõe a tela que, no mínimo, ofusca sua luz. (O que digo é ainda um obstáculo, que é preciso suspender caso se queira *ver*.[22])

---

[21] "O casamento do Céu e do Inferno". In: BLAKE. *Poetry and Prose*, p. 181-191.

[22] Jean Wahl escreve a propósito do "Tigre" em suas admiráveis "Notas sobre William Blake" (em *Poésie, Pensée, Perception*. Paris: Calmann-Lévy, 1948. p. 218): "O Tigre é a centelha divina, a individualidade feroz cercada pela floresta do bem e do mal entrelaçados. Mas a consciência que temos dessa beleza do terrível deve nos fazer aceitar o mal sem transformá-lo? E, se há transformação possível, onde buscá-la, como operar? É o problema a que respondem os últimos versos. Essa mesma centelha é um brilho da grande luz que unifica e cura, um brilho da divina humanidade. Há não apenas beleza, mas um bem nas coisas terríveis". Esse brilho, na frase de Wahl, está ofuscado. O que dizem esses últimos versos senão: "*Tigre! Tigre! Ardente e brilhante – Nas florestas da noite – Que mão, que olhares imortais puderam formar tua terrível simetria?*". Mas, mais adiante, p. 19-23, o próprio Jean Wahl dá a entender que a legitimidade dos comentários é discutível a seus olhos: ele fala da "arte não blakiana, e mesmo maldita por Blake, da análise intelectual". E conclui assim uma nota informativa ("William Blake, pagão, cristão e místico". In: *William Blake*, 1757-1827. Catálogo da Exposição Blake na Galeria Drouin, 1947): "As emanações ao mesmo tempo apagam as luzes e se abraçam sem se perguntar seus nomes". O próprio Blake dissera: "Os tigres da cólera são mais sábios que os cavalos da instrução" ("O casamento do Céu e do Inferno". In: BLAKE. *Prose and Poetry*, p. 184.)

Os poemas publicados por Blake em 1794, como "O Tigre", exprimem sua reação diante do Terror. "Uma Imagem Divina" foi gravado bem na época em que as cabeças rolavam. A passagem a seguir de "Europa", que data da mesma época, é ainda mais diretamente a evocação do Terror. A divindade da paixão, que, sob o nome de Orc, forma um só com Luvah e que encarna as revoluções, aí é evocada, para terminar, em meio à propagação das chamas:

> [...] Os clarões de sua fúria surgem nos vinhedos da França vermelha.
>
> O sol brilha com o resplendor do fogo!
> Os terrores furiosos se elevam a toda volta,
> Carregados pela violência das carroças de ouro de cujas rodas vermelhas escorre sangue!
> Os leões fustigam o ar com suas caudas em fúria!
> Os tigres se estendem sobre a presa e lambem a maré escarlate...[23]

Nada a extrair dessa vertigem de morte e desses lampejos que uma linguagem não poética jamais poderia exprimir. O discurso dispõe no máximo de estereótipos. Mesmo à poesia o pior escapa, pior que só a depressão nervosa tem o poder de atingir. Contudo, a poesia – a visão poética – não está submetida à redução comum. Além do mais, a ideia revolucionária opunha em Blake o amor ao ódio, a Liberdade ao Direito e ao Dever: ele não lhe atribuía as feições de Urizen, símbolo da Razão e da Autoridade, expressão da ausência de amor. Isso não leva a uma atitude coerente, mas salvaguarda a desordem poética. Se, seguindo a Razão, a Revolução age, ela se afasta dessa desordem, mas afasta de si mesma ao mesmo tempo essa ingenuidade incongruente, provocante, significativa de um tumulto de contrários, que o personagem Blake anuncia.

Nada pode fazer com que, no momento em que a história organiza a humanidade, tais perturbações, a despeito de sua significação infinita, tenham mais que o alcance de uma luminosidade furtiva, exterior aos movimentos reais. Mas essa luminosidade, através de ingênuas contradições, harmoniza por um instante esses movimentos com a profundeza de todos os tempos. Ela não responderia a nada para além da opacidade presente se, não sendo revolucionária, não tivesse a brusquidão do raio, mas não poderia se encadear no rigor que é próprio a uma revolução

---

[23] "Europa". In: BLAKE. *Poetry and Prose*, p. 219.

que transforma o mundo. Tal reserva, necessária, suprimiria o sentido de que falei? Por certo, ele é furtivo, mas se é o sentido de Blake, ele é o sentido do homem que recusa os limites que se impõem a ele. Através do tempo, o ser humano não poderia reencontrar, pelo tempo de um raio, um movimento de liberdade que excede o infortúnio? Falando sozinho – num mundo diserto, onde a lógica reduz cada coisa à ordenação – a linguagem da Bíblia ou dos Vedas, William Blake, por um instante, devolve a vida à energia original: assim, a verdade do Mal, que é, essencialmente, recusa da atitude servil, é a sua verdade. Ele é *um de nós*, cantando na taverna e rindo com as crianças; ele nunca é o "tristonho", cheio de moralidade e de razão, que, sem *energia*, poupa-se, é avaro, e, lentamente, cede à tristeza da lógica.

O homem da moralidade condena a energia que lhe falta. A humanidade devia sem dúvida alguma passar por ele. De onde ela teria tirado a viabilidade se não tivesse denunciado um excesso de energia que a perturba; em outros termos: se a massa daqueles a quem faltava energia não tivesse reconduzido à razão aqueles que tinham energia demais. Mas a necessidade do disciplinamento requer no final o retorno à ingenuidade. A maravilhosa indiferença e a criancice de William Blake, sua tranquilidade no impossível, a angústia que deixa a audácia intacta, nele tudo é a expressão de eras mais ingênuas, tudo marca o retorno à simplicidade perdida. Até um cristianismo paradoxal o designa: ele é o único que apreendeu, nas extremidades contrárias, com as duas mãos, a ronda de todos os tempos. Tudo se fechava nele diante da necessidade que comanda a atividade laboriosa da fábrica. Ele não podia responder ao rosto frio que o prazer da disciplina anima. Esse sábio, cuja sabedoria foi próxima da loucura, que não se deixou abater pelos trabalhos de que dependeu sua liberdade, não tinha o apagamento daqueles que "compreendem", que se dobram e renunciam a vencer. Sua energia rejeitou as concessões ao espírito do trabalho. Seus escritos têm uma turbulência de festa, que dá aos sentimentos que ele exprimia o sentido do riso e de uma liberdade desencadeados. Esse homem nunca mordeu os lábios de despeito. O horror de seus poemas mitológicos está ali para liberar, não para achatar: ele se abre para o grande movimento do universo. Ele solicita a energia, nunca a depressão.

Blake ofereceu a imagem mais fiel dessa liberdade incongruente, animada pela energia de todas as eras, neste poema incomparável (que consagra a Klopstock – que ele desprezava – e em que fala de si mesmo na terceira pessoa):

> Quando Klopstock desafiou a Inglaterra,
> William Blake se ergueu em seu orgulho;
> Pois o velho Nobodaddy[24] lá em cima
> Peidou, arrotou e tossiu;
> Depois soltou uma grande praga que fez tremer a terra,
> E chamou o inglês Blake a grandes gritos.
> Blake estava cagando
> Em Lambeth sob os choupos.
> Então ergueu-se de seu assento,
> E deu em volta de si mesmo três vezes três voltas.
> Diante dessa visão a lua enrubesceu,
> As estrelas atiraram suas taças e fugiram...[25]

---

[24] Nome formado pela contração de *nobody* (ninguém) e de *daddy* (papai), servindo aqui para designar derrisoriamente Deus, o Pai.

[25] "When Klopstock England defied". In: BLAKE. *Poetry and Prose*, p. 103. [Bataille utilizou uma tradução um pouco diferente desse poema como epígrafe da terceira parte de *A experiência interior*, "Antecedentes do suplício (ou a comédia)". (N.T.)]

Apêndice ao capítulo sobre William Blake

Entre os manuscritos de Bataille, encontra-se o seguinte rascunho deste artigo sobre Blake:

a
Lugar de Blake, Ford, E. Brontë
b
Sentido desse lugar:
o problema do mal
mas isso não quer dizer apenas que
o problema do mal nos preocupa hoje
isso quer dizer que nossa preocupação começou
por explosões (*à margem*: problema da liberdade)
c
Biografia de Blake, seu caráter.
Sua obra. Car. de mito e de poesia.
d
O problema do mal não foi colocado em
termos de reflexão, mesmo por Sade, mas
sob formas de "caracteres" míticos e de obras
míticas. É um problema religioso e é
a vida religiosa que... Mas isso
significa que a vida religiosa se prolonga na
literatura. (Não em toda a literatura.)
A profunda alteração que as preocupações de ordem
prática introduzem na literatura.

Jogo do classicismo e do romantismo. Stendhal.

Mas esta é uma dificuldade geral: a
verdade geral está sempre dissimulada sob a aparência
enigmática das mentiras particulares
Dessa forma a verdade é a via pela qual
saímos do isolamento individual – da introversão –
A mentira é em suma uma verdade que não
saiu ao ar livre da plena extroversão
Nesse sentido os princípios fundamentais de Blake
representam mesmo o maior esforço
de extroversão. Eles nos tiram de uma mentira
da introversão (relativa).

e

possibilidade enunciada por Blake. Todos os homens
são semelhantes pelo gênio poético.

f

dificuldade fundamental: a literatura não é
religião. Não há mito literário. Mas
isso significa simplesmente que o auditório, não a
função religiosa, está perdido. Não há mais, portanto,
falando propriamente, religião. É outra coisa:
nem literatura nem religião. Isso poderia passar
por uma sobrevivência da religião na literatura.
Mas se trata na verdade da desintegração, o próprio
tema da mitologia de Blake (segundo Witcutt). Tentar
a reintegração (logo veremos que a
tentativa é vã e que é nisso que a religião
se tornou impossível mas então ficará claro que
o despertar...)

g
análise de Witcutt
h

Erro de Witcutt (*à margem:* acreditar que tudo *estava*
resolvido) não colocar o acento no casamento:
a energia. impossibilidade e necessidade do casamento

do céu e do inferno
desencadeamento dos mitos
        citar Urizen
a síntese do cristianismo, não. O evangelho eterno
resta apenas uma visão de pesadelo.

Seguem-se algumas notas:

p. 18   Blake não ficando louco
not being overwhelmed by the symbols of inconscious
ao passo que Hölderlin e Nietzsche

O uso da mitologia pelos cristãos
perverteu profundamente o sentido dos mitos

Os escritores a meio caminho entre a ação,
que não puderam abandonar, e a loucura.
decepcionantes porque faltam às [virtudes][26]
da ação, decepcionantes porque não são loucos
aliás, os próprios loucos

p. 14   A maldade de Blake

---

[26] Leitura duvidosa. (N.E.)

Sade[1]

---

[1] Retomada do artigo "Le secret de Sade" [O segredo de Sade] publicado nos números 15-16 (ago.-set.) e 17 (out.) da revista *Critique*, em 1947. (N.E.)

No meio de toda essa barulhenta epopeia imperial vê-se flamejando essa cabeça fulminada, esse vasto peito sulcado de raios, o homem-falo, perfil augusto e cínico, careta de titã espantoso e sublime; sente-se circular nessas páginas malditas como que um frisson de infinito, vibrar sobre esses lábios queimados como que um sopro de ideal tempestuoso. Aproximai-vos e escutareis palpitar nessa carniça lamacenta e sangrenta artérias da alma universal, veias inchadas de sangue divino. Essa cloaca é toda forjada de azul celeste; há nessas latrinas alguma coisa de Deus. Fechai o ouvido ao estalido das baionetas, ao ganido dos canhões; desviai os olhos dessa maré movediça das batalhas perdidas ou ganhas; então vereis se destacar sobre essa sombra um fantasma imenso, brilhante, inexprimível; vereis apontar acima de toda uma época semeada de astros a figura enorme e sinistra do marquês de Sade.

Swinburne.

Por que o tempo de uma revolução seria um tempo de esplendor nas artes e nas letras? O desencadeamento da violência armada não combina com a preocupação de enriquecer um domínio cujo gozo só a paz assegura. Os jornais se encarregam então de fornecer sua figura ao destino do homem: a própria cidade, não os heróis das tragédias e dos romances, dá ao espírito esse tremor que normalmente as figuras imaginárias nos propiciam. Uma visão imediata da vida é pobre comparada à que a reflexão e a arte do historiador elaboram. Mas se o mesmo acontece com o amor, que encontra sua verdade inteligível na memória (de tal forma que, na maior parte do tempo, os amores dos heróis míticos têm para nós mais verdade que os nossos), diremos que o tempo da conflagração, mesmo quando o parco despertar de nossa consciência o dissimula, não nos absorve inteiramente? Dessa forma, o tempo do levante é em princípio desfavorável à eclosão das letras. À primeira vista, a Revolução marca na literatura francesa um tempo pobre. Propõe-se uma importante exceção, mas ela diz respeito a um incompreendido (que teve uma reputação enquanto vivo, mas uma má reputação). De fato, o caso excepcional de Sade não chega a contradizer uma opinião que ele antes confirma.

É preciso dizer em primeiro lugar que o reconhecimento do gênio, do valor significativo e da beleza literária das obras de Sade é recente: os escritos de Jean Paulhan, de Pierre Klossowski e de Maurice Blanchot o consagraram: e é certo que uma opinião bastante difundida, suscitada por homenagens fulgurantes[2] e que se decidiu lenta mas seguramente ainda não tinha se manifestado de maneira clara e convincente, sem precisar insistir.

Sade e a Tomada da Bastilha

O que é preciso dizer em segundo lugar é que a vida e a obra de Sade estão ligadas aos acontecimentos, mas de maneira estranha. O sentido da Revolução não é dado nas ideias de Sade; em nenhuma medida essas ideias são redutíveis à Revolução. Se ambos estão ligados é antes como os elementos disparatados de uma figura acabada, como a

---

[2] É preciso citar os nomes de Swinburne, Baudelaire, Apollinaire, Breton e Éluard. As pesquisas pacientes e a obstinação de Maurice Heine (morto em maio de 1940) merecem uma atenção particular: esse personagem sedutor, estranho e sagaz consagrou sua vida à memória de Sade. É por isso que convém recordar aqui alguns traços de seu caráter. Bibliófilo e erudito escrupuloso (tão escrupuloso que, infelizmente, não publicou quase nada), Heine, ao tomar a palavra no congresso de Tours (no qual se consumou, depois da guerra de 1914, a cisão entre comunistas e socialistas franceses), sacou um revólver, atirou ao acaso e feriu levemente sua mulher no braço. Heine era, no entanto, um dos homens mais doces e mais bem-educados que conheci. Esse obstinado defensor de Sade, tão intratável quanto seu ídolo, levava o pacifismo a suas últimas consequências. Tendo tomado partido por Lenin em 1919, deixou o partido comunista em 1921 por causa da repressão comandada por Trotsky ao motim anarquista dos marinheiros de Cronstadt. Gastou sua fortuna pesquisando sobre Sade e morreu quase miserável, comendo pouco para alimentar inúmeros gatos. Levava a aversão pela pena de morte – que partilhava com Sade – ao ponto de condenar gravemente as touradas. De resto, um dos homens que mais discreta, mas mais autenticamente, honraram seu tempo. Orgulho-me de ter sido seu amigo.

algum rochedo uma ruína ou ao silêncio a noite. Os traços dessa figura permanecem confusos, mas é tempo de discerni-los.

Poucos acontecimentos têm maior valor simbólico que a Tomada da Bastilha. Durante a festa que a comemora, não poucos franceses, vendo avançar na noite os lampiões de um desfile noturno, sentem aquilo que os une à soberania de seu país. Essa soberania popular, feita inteiramente de tumulto e revolta, é irresistível como um grito. Não há signo mais eloquente da festa que a demolição insurrecional de uma prisão: a festa, que não é se não for soberana, é o *desenca-deamento* por essência, do qual a soberania inflexível procede. Mas sem um elemento de acaso, sem *capricho*, o acontecimento não teria o mesmo alcance (é por isso que ele é símbolo, por isso que difere das fórmulas abstratas).

Foi dito da Tomada da Bastilha que ela não teve, na verdade, o sentido que se lhe atribui. É possível. Não havia nessa prisão, no dia 14 de julho de 1789, mais que prisioneiros de pouco interesse. O acontecimento não seria mais, no fim das contas, que um mal-entendido. Se acreditamos em Sade, seria mesmo um mal-entendido: um mal-entendido que ele próprio teria suscitado! Mas poderíamos nos dizer que a parte de mal-entendido dá à história esse elemento cego sem o qual ela seria a simples resposta ao comando da necessidade (como na fábrica). Acrescentemos que o mal-entendido não introduz apenas na figura do 14 de julho o desmentido parcial do interesse, mas também um interesse adventício.

No momento em que se decidia, mas obscuramente, no espírito do povo um acontecimento que ia sacudir, e até liberar um pouco, o mundo, um dos infelizes que as muralhas da Bastilha encerravam era o autor de *Justine* (livro que, segundo Jean Paulhan,[3] *colocava uma questão tão grave que um século inteiro não era demais para responder a ela*). Ele estava então encarcerado havia quase 10 anos na Bastilha, desde 1784: um dos homens mais rebeldes e mais irascíveis de todos os que já falaram de rebelião e de ira: um homem, numa palavra, monstruoso, que a paixão por uma liberdade *impossível* possuía. O manuscrito de *Justine* estava ainda na Bastilha no dia 14 de julho, mas abandonado numa masmorra

---

[3] A primeira versão do livro, redigida na Bastilha, em 1787, levava o título *Les Infortunes de la vertu*. Foi esta que Jean Paulhan prefaciou [Edição brasileira: *Os infortúnios da virtude*. Tradução de Celso Mauro Paciornik. São Paulo: Iluminuras, 2008).

vazia (assim como o dos *Cento e vinte dias de Sodoma*). É sabido que Sade, às vésperas do levante, arengou a multidão: armou-se, ao que parece, à guisa de megafone, de um tubo que servia para jogar fora a água suja, gritando, entre outras provocações, que os "prisioneiros estavam sendo degolados".[4] Atitude que corresponde perfeitamente ao caráter provocante que sua vida inteira e toda sua obra manifestam. Mas esse homem que, por ter sido o desencadeamento em pessoa, estava encadeado havia 10 anos, e que, havia 10 anos, esperava o momento da libertação não foi libertado pelo "desencadeamento" do levante. É comum que um sonho deixe, na angústia, entrever uma possibilidade perfeita, que ele furta no último instante: como se a resposta embaralhada fosse a única *caprichosa* o bastante para cumular o desejo exasperado. A exasperação do prisioneiro atrasou em nove meses sua libertação: o governo solicitou a transferência de um personagem cujo humor combinava tanto com o acontecimento.[5] Quando a fechadura cedeu e o levante libertador

---

[4] *Le Répertoire ou Journalier de la Bastille à commencer le mercredi 15 mai 1782* [O repertório ou cotidiano da Bastilha a partir da quarta-feira 15 de maio de 1782] (parcialmente publicado por Alfred Bégis na *Nouvelle Revue*, nov. e dez. 1882) conta isso. Cf. APOLLINAIRE, Guillaume. Introduction. In: *L'Œuvre du marquis de Sade – Pages choisies*. Paris: Bibliothèque des curieux, 1909. p. 4-5.

[5] Eis o que, numa carta ao tabelião de Gaufridy, não datada, mas logicamente de maio de 1790, o próprio marquês de Sade diz: "No dia 4 de julho, por ocasião de um pouco de barulho que fiz na Bastilha por causa dos descontentamentos que me provocavam ali, o governador se queixou ao ministro. Eu esquentava, diziam, o espírito do povo, exortava-o a vir derrubar aquele monumento de horror... Tudo aquilo era verdade..." (SADE. *Correspondance inédite du marquis de Sade,* publicada por Paul Bordin. Paris, 1929. In-4°, p. 269.) E, numa carta ao presidente do Club de la Constitution de Lacoste, datada de 19 de abril de 1792: "Informai-vos e lhe dirão se não é universalmente reconhecido, se não está autenticamente impresso, que foram os ajuntamentos do povo feitos por mim e debaixo de minhas janelas na Bastilha que fizeram com que eu fosse subitamente tirado dali como um homem perigoso cujas moções incendiárias fariam com que aquele monumento de horror fosse derrubado. Obtende as cartas do governador da Bastilha ao ministro e ao lerdes ali estas palavras: 'Se o M. de Sade não for tirado esta noite da Bastilha, não respondo pelo lugar do rei', vereis, senhor, se sou eu o homem que é preciso molestar" (SADE. *Correspondance...,* p. 314-315). Finalmente, num projeto de petição "aos legisladores da Convenção", que data de 1793: "no dia 3 de julho de 1789, eu ainda estava na Bastilha, onde tornava público o que se passava ali; desvelava aos habitantes de Paris as atrocidades que se preparavam contra eles naquele castelo. Launay me considerou perigoso; tenho comigo a carta por meio da qual ele solicitava ao ministro Villedeuil para me afastar de uma fortaleza cuja traição eu queria impedir a qualquer preço" (SADE. *Correspondance...,* p. 348).

encheu os corredores do local, a masmorra de Sade estava vazia, e a desordem do momento teve este efeito: os manuscritos do marquês, dispersados, perderam-se, o manuscrito dos *Cento e vinte dias* (de um livro que domina em certo sentido todos os livros, sendo a verdade do desencadeamento que o homem é no fundo e que ele é obrigado a conter e a calar) desapareceu: desse livro que significa sozinho, ou ao menos foi o primeiro a significar, todo o horror da liberdade, o levante da Bastilha, em vez de libertar o autor, extraviou o manuscrito. O dia 14 de julho foi realmente libertador, mas à maneira esquiva de um sonho. Mais tarde, o manuscrito foi reencontrado (ele foi publicado há não muito tempo) – mas o próprio marquês nunca o recuperou: acreditou que estivesse perdido para sempre, o que o deixou arrasado: era "o maior infortúnio", escreveu ele, "que o céu pôde lhe reservar";[6] ele morreu ignorando que, na verdade, aquilo que imaginava perdido

---

[6] Sade assim se exprime a esse respeito: "Meus manuscritos, cuja perda me faz derramar lágrimas de sangue!... nunca poderei descrever para vós meu desespero por essa perda, ela é irreparável para mim". (SADE. *Correspondance...*, p. 263). E: "manuscritos que choro todos os dias em lágrimas de sangue... Perdoai-me se não me detenho nessa circunstância; ela dilacera meu coração de maneira tão cruel que o melhor que tenho a fazer é tratar de esquecer esse infortúnio e não falar mais disso para ninguém. Cheguei a encontrar alguma coisa nos distritos onde foram jogados os papéis da Bastilha, mas nada de importante... ninharias, nem uma só obra mais consequente... É o maior infortúnio que o céu pôde me reservar!" (SADE. *Correspondance...*, p. 270). Sade encontrou, de fato, a segunda versão, relativamente decente, de *Justine*, que publicou em 1791. A primeira versão, a mais obscura, que Maurice Heine publicou pela primeira vez em 1930 e que as edições Point du Jour acabam de reeditar, chegou diretamente à Bibliothèque Nationale. Aparentemente, foi a perda dos *Cento e vinte dias* que levou Sade a retomar numa versão escandalosa a história de Justine e a lhe dar como sequência a história de Juliette: não dispondo mais do testemunho essencial que quisera dar, ele devia pensar em substituí-lo por outra obra tão completa quanto aquela. É preciso dizer, no entanto, que mesmo a essa última obra falta o caráter monumental dos *Cento e vinte dias*. Sabe-se que o estranho manuscrito desse livro (um rolo de 12 metros de comprimento), que teria sido encontrado na masmorra de Sade por certo Arnoux Saint-Maximin, foi vendido um século depois por um livreiro parisiense a um colecionador alemão. O doutor Dühren o publicou em 1904, em Berlim, mas o fez numa versão cheia de erros, com uma tiragem de 180 exemplares. Finalmente, Maurice Heine, que o trouxe de volta a Paris em 1929, estabeleceu o texto exemplar do livro (Paris, 1931-1935), seguido pelas edições de 1947 e 1953 (que atualizam a ortografia e evitam os erros do manuscrito, escrupulosamente reproduzidos por Heine). [A história do manuscrito não acaba aí: em 1982 ele foi roubado e vendido a um colecionador suíço. Só agora, em 2014, é que voltou novamente à França como um dos manuscritos mais caros do mundo. (N.E.)]

ganharia lugar, um pouco mais tarde, entre os "monumentos imperecíveis do passado".

A vontade de destruição de si

Vê-se que um autor e um livro nem sempre são os felizes resultados de um tempo calmo. Tudo está ligado, no presente caso, à violência de uma revolução. E a figura do marquês de Sade só pertence de uma maneira verdadeiramente distante à história das letras. É verdade que ele quis entrar para ela como outro qualquer e ficou desesperado com a perda de seus manuscritos. Mas ninguém pode querer e esperar claramente aquilo que Sade exigiu obscuramente – e obteve. É que a essência de seus livros é destruir: não apenas os objetos, as vítimas, postos em cena (que estão ali tão somente para responder à fúria de negar), mas o próprio autor e sua obra. É possível que, em definitivo, a fatalidade que quis que Sade escrevesse e perdesse sua obra tenha a mesma verdade que a obra: que traz a *má* nova de um acordo dos vivos com aquilo que os mata, do Bem com o Mal, e se poderia dizer: do grito mais forte com o silêncio. Não podemos saber a que motivo obedecia um homem tão volúvel quanto ele ao fornecer, em testamento, as instruções concernentes a seu túmulo, que ele desejava em suas terras, num lugar afastado. Mas estas frases sem recurso, qualquer que fosse sua razão circunstancial, dominam e *concluem* sua vida:

> Uma vez recoberta a cova, serão semeadas glandes sobre ela, a fim de que, na sequência, o terreno da dita cova voltando a estar guarnecido e a capoeira voltando a crescer, os vestígios de meu túmulo desapareçam da superfície da terra como me gabo de que minha memória desaparecerá da memória dos homens.[7]

Não há, com efeito, entre as "lágrimas de sangue", choradas pelos *Cento e vinte dias*, e essa exigência de Nada, senão a distância que separa a flecha do alvo. Mostrarei mais adiante que o sentido de uma obra infinitamente profunda está no desejo que o autor teve de *desaparecer*

---

[7] Citado por APOLLINAIRE. *L'Œuvre du marquis de Sade*, p. 14-15. [Um trecho um pouco mais longo desse mesmo testamento foi usado como epígrafe por Pierre Klossowski em seu texto "O monstro", publicado no primeiro número da revista *Acéphale* (1936). (N.E.)]

(de se dissolver sem deixar nenhum vestígio humano): pois não havia mais nada à sua altura.

O pensamento de Sade

Entendamo-nos; nada seria mais vão que tomar Sade *ao pé da letra*, a sério. Por qualquer lado que se o aborde, ele se esquivou de antemão. Das diversas filosofias que atribui a seus personagens, não se pode reter nenhuma. As análises de Klossowski mostram isso muito bem. Por intermédio de criaturas de romance, ora ele desenvolve uma teologia do *Ser supremo em maldade*; ora é ateu, mas não de sangue frio: seu ateísmo desafia Deus e goza do sacrilégio. Substitui geralmente Deus pela *Natureza em estado de movimento perpétuo*, mas ora é fiel a ela, ora a execra: "Sua mão bárbara", diz o químico Almani, "só sabe modelar o mal: o mal a diverte, portanto: e eu amaria uma mãe dessas?! Não: eu a imitarei: mas detestando-a: eu a copiarei, ela assim quer, mas o farei detestando-a".[8] A chave dessas contradições é decerto uma frase que oferece seu pensamento de maneira direta (de uma carta de 26 de janeiro de 1782, datada "do galinheiro (do torreão) de Vincennes", e assinada Des Aulnets – como se o selo de seu nome verdadeiro fosse incompatível com uma afirmação moral: "Oh homem!", escreve ele, "será que é a ti que cabe pronunciar-se sobre o que é bem ou o que é mal... Queres analisar as leis da natureza, e teu coração... teu coração onde ela se grava é ele próprio um enigma cuja solução não podes fornecer...".[9] Na verdade, não havia repouso algum concebível para ele, e bem poucos pensamentos que tenha mantido firmemente. Que tenha sido materialista é certo, mas isso não podia resolver *sua* questão: a do Mal que ele amava, e do Bem que o condenava. De fato, Sade, que amou o Mal, cuja obra inteira quer tornar o Mal desejável, não podendo condená-lo, tampouco podia justificá-lo: cada um à sua maneira, os *filósofos* devassos que ele descreve tentam fazê-lo, mas não encontram, e não podem encontrar, um princípio que retire a natureza maldita das ações cujos benefícios eles gabam. O elemento

---

[8] SADE. *La Nouvelle Justine*, t. III; citado por KLOSSOWSKI. *Sade, mon prochain*, p. 72. [Edição brasileira: *Sade, meu próximo*. Tradução de Armando Ribeiro. São Paulo: Brasiliense, 1985.]

[9] SADE. *Correspondance...*, p. 182-183. A carta não tem nome de destinatário, mas era decerto endereçada à Srta. Rousset, bela mulher, das mais pitorescas, com quem teve uma relação amorosa pouco duradoura.

maldito é na verdade aquilo que eles buscam nessas ações. E a amarga exclamação de Almani prova que Sade não soube dar a seu pensamento outro curso que não o da incerteza e da perturbação. O único ponto de que está seguro é que não há nada que justifique a punição, ao menos a punição humana: "a lei", diz ele,[10] "fria por si mesma, não tem como atingir as paixões que podem legitimar a cruel ação do assassinato". Nisso, que tem um sentido forte, ele não variou: "Queres", dizia já em 1782, numa carta de 29 de janeiro, "que o universo inteiro seja virtuoso e não sentes que tudo pereceria na mesma hora se só houvesse virtudes sobre a terra... não queres entender que, já que é preciso que haja vícios, é tão injusto que os punas quanto seria zombares de um caolho...". E mais adiante: "goza, meu amigo, goza e não julgues... goza, eu te digo, abandona à natureza o cuidado de te mover ao gosto dela, e ao eterno o de te punir".[11] Se o "desencadeamento" das paixões é maldito, a punição, que quer obviá-lo, tem um caráter que o crime não tem. (Os modernos dizem, em termos que têm seus defeitos mas são mais precisos: o crime movido pela paixão, se é perigoso, pelo menos é autêntico; o mesmo não acontece com a repressão, submetida, ela, a uma condição: não mais buscar o autêntico, e sim o útil.)

Quanto a isso, muitos espíritos concordarão: o ato do juiz tem um caráter glacial, distante de qualquer desejo e sem risco, que fecha o coração. Mas dito isso, e Sade resolutamente situado em oposição ao juiz, é preciso reconhecer que não houve nele nem contenção nem rigor que permitissem reduzir sua vida a um princípio. Ele foi generoso sem medida, sabe-se que salvou os Montreuil do cadafalso, e olha que a Sra. de Montreuil, sua sogra, solicitara para ele uma *lettre de cachet*,[12] mas ele concordou com ela em – e até a pressionou para – eliminar pelo mesmo meio Nannon Sablonnière, sua criada, que tinha visto demais.[13] Entre 1792 e 1793, deu mostras, na seção Des Piques,[14]

---

[10] SADE. *La Philosophie dans le boudoir*, 1795: "Franceses, ainda um esforço para serem republicanos..." [Edição brasileira: *A filosofia na alcova*. Tradução de Augusto Contador Borges. São Paulo: Iluminuras, 2009.]

[11] SADE. *Correspondance...,* p. 183.

[12] *Lettre de cachet*: no Antigo Regime, carta com o selo do rei contendo uma ordem de prisão ou exílio sem julgamento. (N.T.)

[13] Numa carta a Gaufridy, anterior a 15 de julho de 1775 (SADE. *Correspondance...,* p. 37).

[14] Uma das (mais importantes entre as) 48 seções administrativas de Paris entre 1790 e 1795. (N.T.)

de que foi secretário e presidente, de um grande fervor republicano: convém, no entanto, levar em conta uma carta de 1791, em que diz: "Perguntais qual é verdadeiramente minha maneira de pensar a fim de segui-la. Certamente, nada mais delicado que esse artigo de vossa carta, mas será na verdade com grande dificuldade que responderei de maneira exata a essa pergunta. Primeiramente, na qualidade de homem de letras, a obrigação em que me vejo aqui diariamente de trabalhar ora para um partido, ora em favor do outro estabelece uma mobilidade em minhas opiniões de que se ressente minha maneira interior de pensar. Quero sondá-la realmente? Ela não se encontra realmente a favor de nenhum partido, e é um composto de todos. Sou antijacobino, odeio-os mortalmente, adoro o rei, mas detesto os antigos abusos; amo uma infinidade de artigos da constituição, outros me revoltam, quero que devolvam à nobreza seu lustre, porque tirá-lo dela não leva a nada; quero que o rei seja o chefe da nação; não quero uma assembleia nacional, mas duas câmaras, como na Inglaterra, o que dá ao rei uma autoridade mitigada, equilibrada pelo concurso de uma nação necessariamente dividida em duas ordens, a terceira é inútil, não quero saber dela. Eis minha profissão de fé. O que sou atualmente? Aristocrata ou democrata? Vós me direis, por favor..., pois, de minha parte, não faço ideia".[15] Nada, evidentemente, a tirar daí (ele escrevia a um burguês de que precisava para suas rendas), senão essa "mobilidade das opiniões", o "que sou eu?"... que o "divino marquês" poderia ter tomado por divisa.[16]

Parece-me que, em seu estudo sobre "Sade e a Revolução", ou em seu "Esboço do sistema de Sade", Pierre Klossowski forneceu do autor de *Justine* uma imagem um pouco artificial: não é mais que um elemento de engrenagens em que uma dialética erudita encadeia Deus, a sociedade teocrática e a revolta do grande senhor (que quer guardar

---

[15] Carta a Gaufridy de 5 de dezembro de 1791 (SADE. *Correspondance...*, p. 301-302). Nada a tirar tampouco desta passagem de uma carta de 1776 em que assim se dirige ao mesmo Gaufridy: "Não me convinha ceder diante de um homem que começava por me insultar, coisa que, a seguir, poderia se tornar um péssimo exemplo, sobretudo em minhas terras, e numa terra como esta onde é essencial conter os vassalos no respeito que devem e do qual tendem a se furtar a todo o momento" (SADE. *Correspondance...*, p. 67).

[16] Essas reservas deixam intacta a expressão de um ódio fundamental pelo clero ("a terceira ordem é inútil").

seus privilégios e renegar suas obrigações). Em certo sentido, é muito hegeliano, mas sem o rigor de Hegel. Os movimentos da *Fenomenologia do espírito* – aos quais essa dialética se assemelha – compõem um conjunto circular, que abarca todo o desenvolvimento do espírito na história. Um pouco rápido demais, Klossowski extrai uma conclusão da brilhante passagem da *Filosofia na alcova* em que Sade pretende fundar o Estado republicano sobre o crime. Era sedutor, a partir dali, deduzir da execução do rei, substituta da execução de Deus, uma concepção sociológica fundada pela teologia, guiada pela psicanálise (e derivada das ideias de Joseph de Maistre...). Tudo isso é frágil. A frase que Sade põe na boca de Dolmancé não é mais que uma indicação lógica, uma das mil provas oferecidas do erro de uma humanidade que não admite a importância da destruição e do Mal. Klossowski chega ao ponto de dizer do raciocínio de Dolmancé que ele podia estar ali apenas para demonstrar a falsidade do princípio republicano: a tão erudita clarividência o marquês responde com sua despreocupação. A questão na verdade é outra, bem diferente.

"Pergunto-me", diz Jean Paulhan,[17] "quando vejo tantos escritores, hoje em dia, tão conscientemente aplicados em recusar o artifício e o jogo literário em prol de um acontecimento indizível de que não nos deixam ignorar que ele é a um só tempo erótico e apavorante, preocupados em tomar em qualquer circunstância o contrapé da Criação, e inteiramente ocupados em buscar o sublime no infame, o grande no subversivo, exigindo ademais que toda obra engaje e comprometa para sempre seu autor..., pergunto-me se não seria preciso reconhecer, num terror tão extremo, menos uma invenção que uma lembrança, menos um ideal que uma memória, em suma, se nossa literatura moderna, em sua parte que nos parece mais viva – a mais agressiva em todo o caso –, não estaria toda voltada para o passado, e mui precisamente determinada por Sade..." Paulhan talvez esteja enganado, hoje, em atribuir a Sade *imitadores* (fala-se dele, admiram-no, *ninguém* se sente intimado a se parecer com ele: é em outros "terrores" que se pensa). Mas ele define bem a posição de Sade. As possibilidades e o perigo da linguagem não o tocaram: ele não podia imaginar a obra liberada do objeto que ele pintava: pois seu objeto o *possuía* – no sentido em que

---

[17] PAULHAN, Jean. Introduction. In: SADE. *Les Infortunes de la vertu*, p. 11-12.

o diabo emprega essa palavra. Ele escreveu perdido no desejo por esse objeto, e se aplicou como um devoto. Klossowski diz muito bem[18]: "Sade não sonha mais apenas, dirige e reconduz seu sonho para o objeto que está na origem de seu devaneio, com o método consumado de um religioso contemplativo que coloca sua alma em oração diante do mistério divino. A alma cristã toma consciência de si mesma diante de Deus. Mas se a alma romântica, que não é mais que um estado nostálgico da fé,[19] toma consciência de si mesma ao postular sua paixão como um absoluto, de sorte que o estado patético se torna nela função de viver, a alma sadista não toma mais consciência de si mesma senão pelo objeto que exaspera sua virilidade e a constitui no estado de virilidade exasperada, a qual se torna igualmente uma função paradoxal de viver: ela só se sente viver na exasperação". É preciso, neste ponto, esclarecer: o objeto de que se trata, comparável a Deus (um cristão, Klossowski, é o primeiro a propor a comparação), não é *dado* como Deus o é ao devoto. O objeto *como tal* (um ser humano) seria ainda indiferente: é preciso modificá-lo a fim de obter dele o sofrimento desejado. Modificá-lo, ou seja, destruí-lo.

Mostrarei mais adiante que Sade (no que ele difere do simples *sádico*, que é irrefletido) teve por fim atingir a consciência clara daquilo que só o "desencadeamento" atinge (mas o "desencadeamento" leva à perda da consciência), a saber, da supressão da diferença entre o sujeito e o objeto. Assim, seu fim só diferia do fim da filosofia pela via que tomava (Sade partiu de "desencadeamentos" reais, que ele quis tornar inteligíveis, enquanto a filosofia parte da calma consciência – da inteligibilidade distinta – para levá-la a algum ponto de fusão). Antes, falarei da evidente monotonia dos livros de Sade, que procede da decisão de subordinar o jogo literário à expressão de um *acontecimento indizível*. Esses livros, é verdade, diferem tanto daquilo que costuma ser tomado por *literatura* quanto uma extensão de rochas desertas, sem surpresas, incolores, difere das paisagens variadas, dos riachos, dos lagos e dos campos de que gostamos. Mas teríamos terminado de medir a grandeza de semelhante extensão?[20]

---

[18] KLOSSOWSKI. *Sade, mon prochain*, p. 123.

[19] Não acompanho Klossowski nessa reserva.

[20] Na revista *Critique* esta pergunta era seguida por uma longa citação do estudo de Jean Paulhan e de um pequeno comentário. E assim se fechava a primeira parte do artigo (publicado em dois números da revista). Ver apêndice deste capítulo. (N.E.)

O frenesi sádico

Excluindo-se da humanidade, Sade teve em sua longa vida uma única ocupação, que decididamente o cativou, a de enumerar até a exaustão as possibilidades de destruir seres humanos, de destruí-los e de gozar com o pensamento da morte e do sofrimento deles. Ainda que fosse a mais bela, uma descrição exemplar teria pouco sentido para ele. Só a enumeração interminável, entediante, tinha a virtude de estender diante dele o vazio, o *deserto*, a que aspirava sua fúria (e que seus livros ainda estendem diante daqueles que os abrem).

O tédio se desprende da monstruosidade da obra de Sade, mas esse mesmo tédio é seu sentido. Como diz o cristão Klossowski,[21] seus intermináveis romances, mais que aos livros que nos divertem, assemelham-se aos livros de devoção. O "método consumado" que os organiza é aquele do "religioso [...] que posta sua alma diante do mistério divino". É preciso lê-los como foram escritos, com a preocupação de sondar um mistério que não é nem menos profundo nem talvez menos "divino" que o da teologia. Esse homem que, em suas cartas, mostra-se instável, chistoso, sedutor ou arrebatado, apaixonado ou divertido, capaz de ternura, talvez de remorso, limita-se em seus livros a um exercício invariável, em que uma tensão aguda, indefinidamente igual a si mesma, libera-se, desde o início, das preocupações que nos limitam. Somos, desde o início, extraviados em alturas inacessíveis. Nada permanece daquilo que hesita, que modera. Num tornado sem apaziguamento e sem fim, um movimento conduz invariavelmente os objetos do desejo ao suplício e à morte. O único termo imaginável é o desejo que o carrasco poderia ter ele próprio de ser a vítima de um suplício. No testamento já citado, esse movimento exige, no ápice, que o próprio túmulo não subsista, leva a querer que até o nome "desapareça da memória dos homens".

Se essa violência é considerada por nós como o signo de uma verdade difícil, que obseda aquele que seguiu seu sentido tão profundamente que ele fala a seu respeito de mistério, devemos reportá-la imediatamente à imagem que o próprio Sade ofereceu dela.

---

[21] KLOSSOWSKI. *Sade, mon prochain*, p. 123.

"É agora, amigo leitor", escreve ele no início dos *Cento e vinte dias*,[22] "que é preciso dispor teu coração e teu espírito ao relato mais impuro que já foi feito desde que o mundo existe, livro igual não podendo ser encontrado nem entre os antigos nem entre os modernos. Imagina que todo gozo honesto ou prescrito por essa besta de que falas incessantemente sem conhecê-la e a que chamas natureza, que esses gozos, estava dizendo, serão expressamente excluídos desta coletânea e que, quando por ventura os encontrares, eles sempre estarão acompanhados de algum crime ou coloridos por algumas infâmias."

A aberração de Sade chega ao ponto de fazer de seus heróis, mais que celerados, covardes. Eis a descrição de um dos mais perfeitos:

"Nascido falso, duro, imperioso, bárbaro, egoísta, igualmente pródigo para seus prazeres e avaro quando se tratava de ser útil, mentiroso, guloso, beberrão, poltrão, sodomita, incestuoso, assassino, incendiário, ladrão..." É o duque de Blangis, um dos quatro carrascos dos *Cento e vinte dias*. "Um menino resoluto teria apavorado esse colosso, e, a partir do momento em que, para se desfazer de seu inimigo, ele não podia mais empregar seus ardis ou sua traição, tornava-se tímido e covarde..."[23]

Dos quatro celerados, Blangis, aliás, sequer é o mais imundo.

"O presidente de Curval era o decano da sociedade. Quase sexagenário, e singularmente gasto pela devassidão, era praticamente um esqueleto. Grande, seco, magro, olhos ocos e extintos, uma boca lívida e malsã, o queixo erguido, o nariz comprido. Coberto de pelos como um sátiro, costas chatas, nádegas moles e flácidas que mais pareciam trapos sujos caídos sobre o alto das coxas [...], Curval estava tão atolado no lamaçal do vício e da libertinagem que se lhe tornara impossível falar de outra coisa. Tinha incessantemente as expressões mais sujas na boca e no coração, e as entremeava o mais energicamente possível com blasfêmias fornecidas pelo verdadeiro horror que tinha, assim como seus confrades, por tudo aquilo que era do domínio da religião. Essa desordem de espírito, ainda aumentada pela contínua bebedeira em que gostava de se manter, conferia-lhe havia alguns anos um ar de imbecilidade e de embrutecimento que fazia, afirmava ele, suas mais caras delícias."[24]

---

[22] Ed. 1931 (estabelecida por Maurice Heine), t. I, p. 74; ed. Pauvert, 1953, t. I, p. 99.

[23] Ed. 1931, t. I, p. 11 e 17; ed. 1953, t. I, p. 21 e 27.

[24] Ed. 1931, t. I, p. 20-22; ed. 1953, t. I, p. 31-33.

"Imundo em toda a sua pessoa", e principalmente "um bocado fedido", o presidente de Curval era "absolutamente embrutecido", já o duque de Blangis, pelo contrário, encarnava o arroubo e a violência: "Se já era violento em seus desejos, o que se tornava, grande Deus!, quando a embriaguez da volúpia o coroava; não era mais um homem, era um tigre em fúria, coitado de quem servia então às suas paixões, gritos assustadores, blasfêmias atrozes jorravam de seu peito inchado, chamas pareciam sair de seus olhos, ele espumava, relinchava, poderia ser tomado pelo próprio deus da lubricidade".[25]

Sade não teve essa crueldade sem limite. Teve muitas vezes problemas com a polícia, que desconfiou dele, mas não pôde inculpá-lo de nenhum verdadeiro crime. Sabemos que fez cortes numa jovem mendiga, Rose Keller, com golpes de canivete, e derramou cera quente sobre seus ferimentos. O castelo de Lacoste, na Provence, foi, aparentemente, palco de orgias organizadas, mas sem os excessos que só a invenção do castelo de Silling permitiu, representado como isolado nas longínquas solidões rochosas. Uma paixão, que ele talvez tenha amaldiçoado por vezes, queria que o espetáculo da dor de outrem lhe causasse transportes que excediam o espírito. Rose Keller, num testemunho oficial, falou dos gritos abomináveis que o gozo arrancou dele. Pelo menos esse traço o aproxima de Blangis. Não sei se ainda é legítimo falar simplesmente de prazer a propósito desses desencadeamentos. Num certo grau, o excesso supera a noção comum. Fala-se do prazer dos selvagens que se penduram na ponta de uma corda com um gancho enfiado no peito e que turbilhonam assim em volta de um poste? Os testemunhos de Marselha falam dos golpes de chicotes armados com alfinetes que ensanguentavam o marquês. É preciso ir mais longe: frequentemente, as imaginações de Sade são tais que teriam repugnado aos faquires mais aguerridos. Se alguém pretendesse invejar a vida dos celerados de Silling, estaria se gabando. Ao lado deles, Bento Labre[26] é delicado: não há asceta que tenha a esse ponto superado a repugnância.

---

[25] Ed. 1931, t. I, p. 15-16; ed. 1953, t. I, p. 26.

[26] Conta-se que São Bento Labre levou a imundície ao ponto de comer seus próprios vermes. Klossowski usou esta frase como epígrafe de seu livro: "Se algum espírito forte tivesse a ideia de perguntar a São Bento Labre o que ele pensava de seu contemporâneo, o marquês de Sade, o santo teria respondido sem hesitar: 'É meu próximo'".

Do desencadeamento à consciência clara

Mas Sade estava nesta situação moral. Muito diferente de seus heróis, na medida em que testemunhou frequentemente sentimentos humanos, conheceu estados de desencadeamento e de êxtase que lhe pareceram ter muito sentido em relação às possibilidades comuns. E não julgou que pudesse ou devesse separar da vida esses estados perigosos a que o conduziam desejos insuperáveis. Em vez de esquecê-los, como é de uso, em seus momentos normais, ousou olhá-los bem de frente e se colocou a questão abissal que eles colocam, em verdade, a todos os homens. Outros antes dele tiveram os mesmos extravios, mas entre o desencadeamento das paixões e a consciência subsistia a oposição fundamental. O espírito humano nunca deixou de responder por vezes à exigência que leva ao sadismo. Mas isso se dava furtivamente, na noite que resulta da incompatibilidade entre a violência, que é cega, e a lucidez da consciência. O frenesi afastava a consciência. Por seu lado, a consciência, em sua condenação angustiada, negava e ignorava o sentido do frenesi. Sade, na solidão da prisão, foi o primeiro a dar a expressão racional a esses movimentos incontroláveis, sobre a negação dos quais a consciência fundou o edifício social – e a imagem do homem. Teve, para esse fim, de tomar ao avesso e contestar tudo aquilo que os outros tinham por inabalável. Seus livros dão esta sensação: que com uma resolução exasperada ele queria o *impossível* e o *avesso* da vida: teve a firme decisão da dona de casa que, com pressa de terminar, esfola um coelho com um movimento certeiro (a dona de casa também revela o avesso da verdade, e, nesse caso, o avesso é também o coração da verdade). Sade se funda numa experiência comum: a sensualidade – que libera das restrições ordinárias – é despertada não somente pela presença, mas também por uma *modificação* do objeto possível. Em outros termos, um impulso erótico, sendo um *desencadeamento* (em relação às condutas do trabalho e, de modo geral, à decência), é deslanchado pelo *desencadeamento* concordante de seu objeto. "O segredo é infelizmente demasiado certo", observa Sade, "e não há um só libertino um pouco ancorado no vício que não saiba o quanto o assassinato impera sobre os sentidos..." "É, portanto, verdade", exclama Blangis, "que o crime tem por si só tamanho atrativo, que, independentemente de qualquer volúpia, pode bastar para inflamar todas as paixões." Ser *desencadeado* não é sempre, ativamente, a obra do objeto de uma paixão. Aquilo que destrói um ser também o *desencadeia*; o *desencadeamento*, aliás, é sempre a ruína de um ser que tinha atribuído a si mesmo os limites da decência. O desnudamento é por si só a ruptura desses limites (é o signo da desordem solicitada pelo objeto que se abandona a ele). A desordem sexual decompõe as figuras coerentes que nos estabelecem, para nós mesmos e para os outros, como seres definidos (ela os faz deslizar para um infinito, que a morte é). Há na sensualidade uma perturbação e um sentimento de ser afogado, análogo ao mal-estar provocado pelos cadáveres. Em contrapartida, na perturbação da morte, alguma coisa se perde e nos escapa, uma desordem começa em nós, uma impressão de vazio, e o estado em que entramos é próximo daquele que precede um desejo sensual. Um rapaz não podia ver um enterro sem sentir uma excitação física: teve, por essa razão, de se manter afastado do cortejo fúnebre de seu pai. Sua conduta se opunha às condutas habituais. Mas não podemos, de qualquer jeito, reduzir o impulso sexual ao agradável e ao benéfico. Há nele um elemento de desordem, de excesso, que chega ao ponto de pôr em jogo a vida daqueles que se entregam a ele.

A imaginação de Sade levou ao pior essa desordem e esse excesso. Ninguém, a menos que permaneça surdo, termina os *Cento e vinte dias* sem ficar doente: o mais doente é evidentemente aquele que essa leitura excita sensualmente. Esses dedos cortados, esses olhos, essas unhas arrancadas, esses suplícios em que o horror moral intensifica a dor, essa mãe que a astúcia e o terror levam a assassinar seu filho, esses gritos, esse sangue derramado no fedor, tudo, enfim, colabora para a náusea. Isso ultrapassa, sufoca e pro-voca, à semelhança de uma dor aguda, uma emoção que decompõe – e que mata. Como ele ousou? sobretudo, por que *teve* de ousar? Aquele que escreveu essas páginas aberrantes o sabia, estava indo o mais longe que é imaginável ir: nada de respeitado que ele não ultraje, nada de puro que não conspurque, nada de risonho que não cumule de pavor. Cada um de nós é visado pessoalmente: por pouco que alguém ainda tenha algo de humano, esse livro atinge como uma blasfêmia e como uma doença do rosto aquilo que ele tem de mais caro, de mais santo. Mas e se ele vai além? Na verdade, esse livro é o único em que o espírito do homem está à altura *do que é*.

A linguagem dos *Cento e vinte dias* é a linguagem do universo lento, que infalivelmente degrada, que suplicia e destrói — a totalidade dos seres que deu à luz.

No desgarre da sensualidade, o homem opera um movimento de espírito em que se torna *igual* a *o que é*.

O curso de uma vida faz com que nos apeguemos a opiniões fáceis: representamos a nós mesmos como entidades bem definidas. Nada nos parece mais assegurado que esse *eu* que funda o pensamento. E quando ele atinge os *objetos*, é para modificá-los em função de seu uso: ele nunca é igual ao que não é ele. Aquilo que é exterior a nossos seres finitos ora é, subordinando-nos, um infinito impenetrável, ora é o *objeto* que manejamos, que nos é subordinado. Acrescentemos que, por um viés, assimilando-se às coisas manejadas, o indivíduo pode ainda se subordinar a uma ordem finita, que o *encadeia* no interior de uma imensidão. Se tenta a partir daí encadear essa imensidão em leis científicas (que colocam o sinal de *igual* entre o mundo e as coisas finitas), ele só é igual a seu objeto ao se *encadear* numa ordem que o esmaga (que o nega, que nega aquilo que difere nele da coisa finita e subordinada). Só há um meio em seu poder de escapar desses diversos limites: a destruição de um ser semelhante a nós (nessa destruição, o limite de nosso semelhante é negado; não podemos, com efeito, destruir um objeto inerte; ele muda, mas não desaparece, só um ser semelhante a nós desaparece na morte. A violência padecida por nosso semelhante se furta à ordem das coisas finitas, eventualmente úteis: ela o devolve à imensidão).

Isso já era verdade no sacrifício. Na apreensão, cheia de horror, do sagrado, o espírito esboçava já o movimento em que se torna igual a *o que é* (à totalidade indefinida que não podemos conhecer). Mas o sacrifício é ao mesmo tempo desencadeamento e medo do próprio desencadeamento. É a operação através da qual o mundo da atividade lúcida (o mundo profano) se libera de uma violência que poderia destruí-lo. E se é verdade que, no sacrifício, a atenção é focada num deslizamento que vai do indivíduo isolado ao ilimitado, não é menos verdade que ela é desviada para interpretações fugidias, as mais opostas à consciência clara. O sacrifício, além do mais, é passivo, funda-se num medo elementar: só o desejo é ativo, só ele nos torna presentes.

É somente se o espírito, detido por um obstáculo, faz incidir sua atenção desacelerada sobre o objeto do desejo que é dada uma chance à consciência lúcida. Isso supõe a exasperação e a saciedade, o recurso a possibilidades cada vez mais longínquas. Isso supõe, finalmente, a reflexão ligada à impossibilidade momentânea de satisfazer o desejo, além do gosto de satisfazê-lo mais conscientemente.

"É consenso entre os verdadeiros libertinos", observava Sade, "que as sensações comunicadas pelo órgão da audição são as mais vivas. Por conseguinte, nossos quatro celerados, que queriam que a volúpia se impregnasse em seus corações tão longe e tão profundamente quanto pudesse entrar, tinham, com esse desígnio, imaginado uma coisa singular." Trata-se das "historiadoras", encarregadas, nos intervalos das orgias de Silling, de avivar o espírito através do relato de todos os vícios que conheceram: são velhas prostitutas cuja longa e sórdida experiência é o princípio de um quadro perfeito, que precedeu a observação clínica, e que a observação clínica confirmou.[27] Mas, do ponto de vista da consciência, as "historiadoras" só têm um sentido: fornecer, do alto de uma cátedra, a forma de uma exposição minuciosa, objetivada por uma outra voz, ao dédalo que Sade quis iluminar até o fundo. O mais importante: essa invenção singular nasceu da solidão de uma masmorra. Na realidade, a consciência clara e distinta, indefinidamente renovada e repisada, daquilo que funda o impulso erótico precisou, para se formar, da condição desumana de um prisioneiro. Livre, Sade poderia ter saciado a paixão que o solicitava, mas a prisão o impedia de fazê-lo. Se a paixão alegada não perturba aquele que a alega, o conhecimento objetivo, exterior, é possível, mas a plena consciência não é atingida, já que exige que o desejo seja experimentado. A célebre *Psychopathia sexualis*, de Krafft-Ebing, ou outras obras da mesma ordem, têm um sentido no plano de uma consciência objetiva das condutas humanas, mas exterior à experiência de uma verdade profunda revelada por essas condutas. Essa verdade é a do desejo que as funda e que a enumeração racional de um Krafft-Ebing deixa fora do jogo. Vê-se assim que a consciência do desejo é pouco acessível: o desejo por si só altera a clareza da consciência, mas, sobretudo, a possibilidade de uma satisfação a suprime. Para a animalidade inteira, parece que a satisfação sexual tem lugar numa grande "desordem dos sentidos". A inibição de que ela é objeto na humanidade se liga, por outro lado, a seu caráter, se não inconsciente, ao menos afastado da consciência clara. Essa consciência,

---

[27] A partir deste ponto, a versão publicada na revista *Critique* é bastante diferente. Ver apêndice a este capítulo. (N.E.)

a individualidade essencialmente refletida de Sade a preparava: Sade seguia incessantemente um raciocínio paciente, associado ao esforço em que perseverou para assimilar a maior parte dos conhecimentos de seu tempo. Mas sem a reclusão, a vida desordenada que levaria não teria lhe deixado a possibilidade de alimentar um interminável desejo que se propunha à sua reflexão sem que ele pudesse satisfazê-lo.

Para melhor sublinhar a dificuldade, acrescento que Sade apenas anuncia o completamento da consciência: ele não pôde chegar à plenitude da clareza. O espírito deve ainda alcançar, se não a ausência de desejo, ao menos o desespero que deixa num leitor de Sade o sentimento de uma similitude final entre os desejos experimentados por Sade e os seus, que não têm essa intensidade, que são normais.

A poesia do destino de Sade

Não podemos nos surpreender com o fato de que uma verdade tão estranha e tão difícil tenha primeiro se revelado sob uma forma fulgurante. A possibilidade da consciência é seu valor fundamental, mas ela não podia deixar de se referir ao âmago de que ela é o signo. Como o fulgor poético poderia ter faltado a essa verdade nascente? Essa verdade, sem o fulgor poético, não teria humanamente seu alcance. É emocionante para nós que uma fabulação mítica esteja ligada àquilo que desvela finalmente o fundo dos mitos. Foi preciso uma revolução – no barulho das portas arrombadas da Bastilha – para nos entregar, ao acaso da desordem, o segredo de Sade: a quem o infortúnio permitiu viver esse sonho, cuja obsessão é a alma da filosofia: a unidade do sujeito e do objeto; nesse caso, a identidade, na superação dos limites dos seres, entre o objeto do desejo e o sujeito, que deseja. Maurice Blanchot disse com acerto que Sade tinha "sabido fazer da prisão a imagem da solidão do universo", mas que essa prisão, esse mundo não o incomodava mais, já que tinha "banido e excluído dele todas as criaturas". Assim, a Bastilha onde Sade escreveu foi o crisol onde lentamente os limites conscientes dos seres foram destruídos pelo fogo de uma paixão que a impotência prolongava.

Apêndice ao capítulo sobre Sade

Como dito na nota 20, da página 109, há na versão da revista Critique *uma longa citação do estudo de Jean Paulhan, seguida de um breve comentário de Bataille, que fechava a primeira parte do artigo.*

[... a grandeza de semelhante extensão: o julgamento de Jean Paulhan é seu signo.]

Paulhan escreve[28]: "Mas Sade, com suas geleiras e seus abismos e seus castelos aterrorizantes, com o processo sem fim que instrui contra Deus – contra o próprio homem –, com sua insistência e suas repetições e suas pavorosas platitudes, com seu espírito de sistema e seus raciocínios a perder de vista, com essa busca obstinada de uma ação sensacional mas de uma análise exaustiva, com essa presença a cada instante de todas as partes do corpo (não há uma que não sirva), de todas as ideias do espírito (Sade leu tantos livros quanto Marx), com esse estranho desdém pelos artifícios literários, mas essa exigência, a todo momento, da verdade, com esse aspecto de um homem que não cessaria a um só tempo de se mover e de sonhar um desses sonhos indefinidos que o instinto sonha por vezes, com essas grandes dilapidações de forças e esses dispêndios de vida que evocam terríveis festas primitivas – ou esses outros tipos de festa, quem sabe, que são as grandes guerras –, com esses vastos exames do universo, ou melhor, esse exame simples que ele é o primeiro a operar sobre o homem (e que convém chamar, sem jogo de palavras, um exame de sangue), Sade não tem o que fazer com análises e escolhas, com imagens e lances teatrais, com elegância

---

[28] PAULHAN. Introduction, p. IX-XI.

e amplificações. Ele não distingue nem separa. Repete-se e continuamente repisa. Faz pensar nos livros sagrados das grandes religiões. Ele cresce, apenas fixado por instantes em alguma máxima:

> Há momentos perigosos onde o físico se incendeia com os erros do moral... Não há melhor meio de se familiarizar com a morte do que aliá-la a uma ideia libertina.
> Falam mal das paixões, sem lembrar que é em sua tocha que a filosofia acende a dela...

(e que máximas)! esse murmúrio gigantesco e obsedante que sobe por vezes da literatura, e talvez a justifique: Amiel, Montaigne, o Kalevala, o Ramayana. E se argumentarem que se trata de um livro sagrado que não teve sua religião nem seus fiéis, direi primeiro que isso é muito bom e que devemos nos regozijar (estando assim, aliás, bem mais livres para julgá-lo em si mesmo, não a partir de seus efeitos). Pensando bem, acrescentarei que, no final das contas, não estou tão seguro disso e que a religião de que se trata estava, por sua própria natureza, condenada ao segredo – embora desse segredo erga-se às vezes para nós algum rumor; três versos de Baudelaire:

> E que, escondendo um chicote sob suas longas vestimentas,
> Misturam no bosque sombrio e nas noites solitárias
> A espuma do prazer às lágrimas dos tormentos.

uma tirada de Joseph de Maistre:

> Infortunada a nação que suprimisse a tortura...[29]

uma palavra de Swinburne:

> O Marquês mártir...

um grito de Lautréamont

> As delícias da crueldade! Delícias não passageiras...

uma reflexão de Pushkin:

> ... a alegria em que nos mete tudo aquilo que se aproxima da morte.

---

[29] Paulhan aproxima, numa nota, essa frase daquela de Sade (*La Nouvelle Justine,* IV): "A submissão do povo nunca se deve senão à violência e à extensão dos suplícios". Mas Sade era hostil aos castigos.

Mais ainda: desconfio do prazer um pouco suspeito que Chateaubriand sente – entre outros – diante da agonia das mulheres que o amaram, dos regimes que defendeu, da religião que acredita verdadeira. E não foi sem razão – que Sade se viu frequentemente chamar de o divino marquês".[30]

Era, de fato, divino renegar a humanidade a ponto de não ter nesse mundo mais que uma ocupação de algum valor: a de enumerar até a exaustão as numerosas possibilidades de destruir o ser humano. Não como se destrói o boi, o carneiro, que basta matar. O que Sade teve a fúria ou a obrigação de repetir continuamente era a destruição na criatura humana de um elemento humano, dessa dignidade operatória de que nos privam no último grau urros de dor e de pavor. Atingiremos o sentido de *obrigação* de uma fúria tão grande e avaliaremos a vastidão da possibilidade que ela abriu recordando a necessidade em que se viram os cristãos de fundar a divindade num suplício aviltante. Eles deixavam, no entanto, à sua dignidade de homens um caráter a rigor compatível com a união da criatura a Deus. E a divindade "diante da qual tomavam consciência de suas almas", por ter sido extraída da morte infamante de um homem, não deixara de encontrar todas essas formas operatórias que não cessam de nos fundar em dignidade. O vazio consumado, o *deserto*, onde o homem, "desencadeado divinamente", libera-se dessas formas forçadas, exige a destruição rigorosa, indefinidamente buscada, e em todos os planos onde se estabeleceram limites, dos atributos pelos quais um inseto humano opondo-se ao universo encerra-se em sua solidão lógica. Para esse fim, o signo isolado, furtivo, por mais terrível que tivesse sido, não teria bastado. Só a enumeração interminável e tediosa, levada pela fúria ao extremo da possibilidade, teve a virtude de estender esse *deserto* onde só se entra, como no inferno, "abandonando toda esperança" (e, em primeiro lugar, a da aprovação literária).[31]

Como assinalado na nota 27, da página 116, na versão publicada em Critique, *o final do artigo é significativamente diferente. Ei-lo:*

---

[30] Paulhan acrescenta: "Aliás, não se tem muita certeza de que ele tenha sido mesmo marquês". De fato, ele era conde, mas seus próximos o chamavam de marquês, e ele próprio se designou assim – até a Revolução.

[31] É aqui o lugar de recordar que Sade teve por inimigos privilegiados os escritores licenciosos de seu tempo, Mirabeau (seu parente), e Restif de la Bretonne.

Mas, em si mesmas, as "historiadoras" dos *Cento e vinte dias* não representam, do ponto de vista da consciência, mais que uma etapa na via que conduz ao próprio livro, em que, na solidão de uma masmorra, nasce a consciência clara e distinta, indefinidamente avivada, daquilo que funda a sensualidade. Isso não podia ser consumado *de fora*, por algum erudito insensível, que não tivesse sido perturbado pelo desejo (basta pensar em Krafft-Ebing ou, melhor ainda, em Moll, seu continuador): é que a condição do conhecimento, e o fundo do problema, é aqui que a calma do estudo coincide com o movimento da paixão. Assim, a muralha de uma prisão foi necessária ao nascimento da luz. Ela remediava, à sua maneira, nossa condição, que quer que à consciência, e assim ao conhecimento, escape o movimento em que ela se perde: ela ignora por isso aquilo que lhe falta e que a sensualidade exige, a destruição dos limites que a fundam. Daí nosso furor por sempre, se é que isso é possível, olhar ao avesso, mas nossa impotência de fazê-lo: à medida que aparece o avesso, com efeito, o olhar soçobra. Assim, não há nada que a vontade do homem busque tão obstinadamente (basta pensar no conjunto de nossos vícios e de nossos ritos sagrados), mas nos foram necessárias as condições de impotência de uma prisão para nos aproximar disso friamente.

Mas o vinho que, desse modo, subia à nossa cabeça na Bastilha não perdeu de modo algum, por nos esclarecer, o poder de nos embriagar. (Como, aliás, *à verdade* nascente faltaria o fulgor poético sem o qual não há humanamente totalidade?) A fabulação mítica ligou-se espontaneamente àquilo que desvelava enfim o fundo de todos os mitos. Não foi preciso menos que uma revolução – e o barulho das portas da Bastilha arrombadas – para nos entregar, ao acaso da desordem, o segredo de Sade: a quem o infortúnio permitiu viver este sonho (cuja obsessão é a alma da filosofia): a unidade do sujeito e do objeto. Blanchot dizia com acerto sobre Sade que ele tinha "sabido fazer de sua prisão a imagem da solidão do universo", mas que essa prisão, esse mundo, não o incomodava mais, já que dela "banira e excluíra todas as criaturas". Assim, a Bastilha onde Sade escrevia era um crisol onde os limites dos seres eram destruídos pelo fogo de uma paixão que a impotência exasperava.

Mas Sade, consumindo os outros, consumia a si mesmo. Nada é mais verdadeiro nem mais pesado que uma proposição de Paulhan que conclui a introdução dos *Infortúnios*. O segredo de Sade residiria no fato de ele ser masoquista. Paulhan escreve (p. XLIII): "Justine", a inocente vítima de inúmeros libertinos, "é ele". É certo que, se ele foi muitas vezes sádico, os testemunhos do processo de Aix o mostram, não obstante, como um fervente adepto do vício contrário. Na verdade, não se poderia conceber um vício sem o outro. A psicanálise o admite, fundando-se na observação. Efetivamente, de nada serviria aniquilar o *objeto* se o *sujeito*, ganho pela emulação, não atacasse por sua vez a si mesmo. É que se trata de adequação e de unidade: tudo deve urrar, desencadear-se em gritos, no mundo que, como um crisol, é o quarto de Eros. A vida só aflora no limite onde ela se esquiva. Para onde quer que nos voltemos, *o que é* só aparece *fora de si*. Mas essa verdade só nos é dada misturando-nos. Há, no *avesso* que o fundo das coisas é, tanto horror, tanto peso que só podemos chegar a ele, em todos os sentidos das palavras, enxotados a chicotadas. É esse o segredo maldito de Sade, a cuja plena descoberta ele só chegou na prisão. Digamos aqui que isso o exaltou: ele não parou enquanto não levou as coisas até o ápice (não se poderia acrescentar sequer uma pedra ao edifício que é a obra de Sade); mas ao mesmo tempo o apavorou: ele nunca representa nada que não seja invivível, *impossível* (seus heróis repugnam). Paulhan disse: "Justine é ele". Digamos a mesma coisa em outras palavras: "A consciência é ele". A consciência, no sentido de lucidez. Depois de Sade, *podemos* saber o que somos. Uma verdade, talvez, ainda não nos atingiu, mas ela nos domina: *a paixão nos liga ao divino momento em que o ser é aniquilado*. Mas Sade só teria enunciado essa verdade pela metade se não tivesse dado, por seu testamento, a prova de sua fidelidade última: aquela de um silêncio definitivo − a que nenhum homem jamais se votou mais perfeitamente (*Correção no manuscrito:* inteiramente).

Proust[1]

---

[1] Retomada do artigo "La vérité et la justice" [A verdade e a justiça] (*Critique*, n. 62, jul. 1952, p. 641-647), redigido por ocasião da publicação de *Jean Santeuil*. Parte da argumentação provém, no entanto, de outro artigo: "Marcel Proust et la mère profanée" [Marcel Proust e a mãe profanada] (*Critique,* n. 7, dez. 1946). (N.E.)

O amor pela verdade e pela justiça
e o socialismo de Marcel Proust

A paixão pela verdade e pela justiça frequentemente provoca um sobressalto naqueles que a experimentam.

Naqueles que a experimentam?

Mas não é uma mesma coisa ser humano e querer a verdade e a justiça? Tal paixão é desigualmente repartida entre as pessoas, mas ela efetivamente marca a medida em que cada uma delas é humana, em que a dignidade de ser humano lhe cabe. Marcel Proust escreveu em *Jean Santeuil*: "É sempre com uma emoção alegre e viril que escutamos sair palavras singulares e audaciosas da boca de homens de ciência que, por uma pura questão de honra profissional, vêm dizer a verdade, uma verdade com que se preocupam tão somente porque ela é a verdade que prezam em sua arte, sem nenhuma espécie de hesitação em descontentar aqueles para quem ela se apresenta de maneira completamente diferente, como fazendo parte de um conjunto de considerações com que eles pouco se preocupam".[2] O estilo e o conteúdo da frase se afastam do estilo e do conteúdo de *Em busca do tempo perdido*. No mesmo livro, no entanto, o estilo muda, mas não o pensamento: "É o [...] que nos comove tanto no *Fédon*, quando seguindo o raciocínio de Sócrates temos de

---

[2] PROUST, Marcel. *Jean Santeuil*. Paris: Gallimard, 1952. t. II, p. 156. [Edição brasileira: *Jean Santeuil*. Tradução de Fernando Py. Rio de janeiro: Nova Fronteira, 1982.]

repente o sentimento extraordinário de estar diante de um raciocínio cuja pureza nenhum desejo pessoal veio alterar, como se a verdade fosse superior a tudo: pois, de fato, percebemos que a conclusão que Sócrates vai tirar desse raciocínio é a de que é preciso que ele morra".[3]

Marcel Proust chegou a escrever a propósito do caso Dreyfus, por volta de 1900. Seus sentimentos dreyfusianos são conhecidos, mas já na época em que começou a *Busca*, 10 anos mais tarde, eles tinham perdido aquela ingenuidade agressiva. Nós mesmos, hoje, perdemos essa simplicidade. A mesma paixão nos agita por vezes, mas estamos lassos. O caso Dreyfus, hoje em dia, talvez fizesse pouco barulho...

Lendo *Jean Santeuil*, ficamos surpresos com a importância que a política teve então no espírito de Proust: ele tinha 30 anos. Não poucos leitores ficarão atônitos ao ver o jovem Marcel fervendo de cólera porque, assistindo à seção da Câmara, não podia aplaudir o discurso de Jaurès. Em *Jean Santeuil*, o nome de Jaurès é Couzon. Seus cabelos pretos são crespos, mas não há margem para dúvida: ele é o "chefe do partido socialista na Câmara [...] o único grande orador hoje, igual aos maiores de outrora". Proust evoca a seu respeito "esse sentimento da justiça que o tomava às vezes inteiramente como uma espécie de inspiração";[4] descreve "os odiosos imbecis" – os deputados da maioria – "irônicos, usando de sua superioridade numérica e da força de sua imbecilidade para tratar de abafar a voz da justiça palpitante e prestes a cantar".[5] A expressão desses sentimentos surpreende tanto mais por emanar de um homem que viria a ser, no plano político, de aparência morna. A indiferença em que mergulhou se devia a várias razões: sem falar de suas obsessões sexuais, a burguesia, a que pertencia, estava ameaçada pela agitação operária, mas a lucidez desempenhou seu papel no sufocamento da generosidade revolucionária.

Digamos em primeiro lugar que essa generosidade se fundou em humores estranhos à política: é "a hostilidade de seus pais que o lança no entusiasmo total pelas ações de (Jaurès)".[6] É verdade, aquele que fala é Jean Santeuil, mas seu caráter é o do autor da *Busca*. Sabemos

---

[3] PROUST. *Jean Santeuil*, t. II, p. 145.

[4] PROUST. *Jean Santeuil*, t. II, p. 316-317.

[5] PROUST. *Jean Santeuil*, t. II, p. 316-317.

[6] PROUST. *Jean Santeuil*, t. II, p. 318.

agora aquilo que, sem a publicação de *Jean Santeuil*, continuaríamos ignorando: que Proust, em sua juventude, teve um sentimento socialista. Sentimento não desprovido de reticências: "Sozinho, quando reflete, Jean se surpreende de que (Jaurès) tolere em seus jornais e enuncie em suas interrupções ataques tão violentos, talvez caluniosos, quase cruéis, contra alguns membros da maioria".[7] Não se trata dos obstáculos maiores contra os quais se choca a verdade na política corrente. Mas esses obstáculos eram eles próprios conhecidos havia muito tempo. A expressão, na linguagem de Proust, seria até banal se não estivesse impregnada de tanta atrapalhação: "A vida, e sobretudo a política, não é uma luta? e, já que os maus estão armados de todas as maneiras, é dever dos justos estar também, quando mais não fosse para não deixar perecer a justiça. Talvez se pudesse dizer [...] que sua maneira de perecer é precisamente estar armada sem se preocupar com de que maneira. Mas vos responderão que se os grandes revolucionários tivessem olhado tanto para isso, a justiça jamais teria obtido qualquer vitória".[8]

A hesitação o rói desde o princípio. Aliás, não há margem para dúvidas, essas preocupações não tiveram consistência nele. Tão somente o perturbaram. Se pôde esquecê-las, no entanto, não foi sem ter avaliado seu sentido, sem ter dado suas razões. Na quinta parte de *Jean Santeuil*, Jaurès, que de início "teria corado de pôr sua mão na mão de um homem desonesto",[9] ele que, no corpo da narrativa, "tinha sido para Jean (o herói do livro) a medida da justiça", não podia, chegada a hora, "evitar chorar ao pensar em tudo aquilo que seu dever de chefe de partido o forçava a sacrificar".[10] A fabulação do livro queria que, em princípio, Jaurès-Couzon pudesse se opor a uma campanha de calúnia dirigida contra o pai de Jean. Mas o político não podia, por maior que fosse a afeição que o autor lhe atribuía, "voltar contra si todos aqueles que lutaram por ele, arruinar a obra de sua vida e comprometer o triunfo de suas ideias, para tentar, tarefa um tanto inútil, já que, sozinho, fracassaria fatalmente, reabilitar um moderado injustamente acusado". "A paixão pela honestidade, as dificuldades

---

[7] PROUST. *Jean Santeuil*, t. II, p. 318.

[8] PROUST. *Jean Santeuil*, t. II, p. 322-323.

[9] PROUST. *Jean Santeuil*, t. II, p. 94.

[10] PROUST. *Jean Santeuil*, t. II, p. 94.

de fazê-la triunfar, tinham-no forçado a identificar sua conduta com aquela de um partido mais forte e ao qual, em troca do apoio que este lhe fornecia, era obrigado a abandonar distinções pessoais."[11] A voz de Jean, essa voz que emana de um tempo em que essas oposições tinham seu sentido, conclui com uma simplicidade estranha hoje em dia: "Sacrificais", diz essa voz, "o bem de todos, não a uma amizade particular, mas a um interesse particular, vossa situação política. Sim, o bem de todos. Porque sendo injustos com meu pai, os jornalistas não são apenas injustos. Eles tornam aqueles que os leem injustos. Eles os tornam maus. Provocam neles a vontade de dizer amanhã que um de seus próximos que acreditavam ser bom é mau [...] Acho mesmo que eles reinarão um dia. E esse reino será o reino da Injustiça. Enquanto aguardam que o governo se torne injusto, que as leis se tornem injustas e que a injustiça exista de fato, preparam esse dia fazendo reinar por meio da calúnia o gosto pelo escândalo e pela crueldade em todos os corações".[12]

A moral ligada à transgressão da lei moral

Esse acento ingênuo surpreende num autor que o foi tão pouco. Mas poderíamos nos deixar agarrar por aquilo que parece ter sido, naquele momento, o fundo de seu pensamento? Resta-nos a confissão de um primeiro movimento... Ninguém se surpreenderá ao ler esta frase, no tomo III de *Jean Santeuil*: "Quantas cartas escrevemos em que dizemos: 'Só há uma coisa verdadeiramente infame, que desonra a criatura que Deus fez à sua imagem, a mentira', o que quer dizer que aquilo que mais desejamos é que a pessoa a quem escrevemos não minta para nós, e não que pensemos isso". Proust escreve a seguir: "Jean não confessa (para sua amante) que olhou sua carta através do envelope, e como não se aguenta e diz para ela que um homem veio vê-la, diz-lhe que ficou sabendo através de uma pessoa que a viu: mentira. O que não o impede de ter lágrimas nos olhos ao lhe dizer que a única coisa atroz é a mentira".[13] Sob o império do ciúme, aquele que acusava Jaurès se faz cínico. A ingênua honestidade inicial não é por isso menos digna

---

[11] PROUST. *Jean Santeuil*, t. II, p. 102-102.

[12] PROUST. *Jean Santeuil*, t. II, p. 102-103.

[13] PROUST. *Jean Santeuil*, t. III, p. 143.

de atenção. A *Busca* acumula os testemunhos do cinismo de Marcel, a quem o ciúme levava a manobras tortuosas. Mas essas condutas tão opostas, que de início nos pareciam excluir-se mutuamente, reúnem-se num jogo. Sem escrúpulos – se não tivéssemos a preocupação de observar pesados interditos – não seríamos seres humanos. Mas esses interditos, tampouco poderíamos observá-los sempre – se, por vezes, não tivéssemos a *coragem* de infringi-los, não teríamos mais saída. Acrescenta-se a isso que não seríamos humanos se nunca tivéssemos mentido, se não tivéssemos, ao menos uma vez, tido a coragem de ser injustos. Zombamos da contradição entre a guerra e o interdito universal que condena o assassinato, mas, como o interdito, a guerra é universal. O assassinato é, em toda parte, carregado de horror, e, em toda parte, os atos de guerra são valorosos. O mesmo se dá com a mentira e a injustiça. É verdade que, em certos lugares, interditos foram rigorosamente observados, mas o tímido, que nunca ousa infringir a lei, que desvia os olhos, é em toda parte objeto do desprezo. Na ideia de virilidade, há sempre a imagem do homem que, nos seus limites, em conhecimento de causa, mas sem medo e sem pensar nisso, sabe se colocar acima das leis. Jaurès, cedendo à justiça, não teria apenas prejudicado seus partidários: estes o teriam tomado então por incapaz. Um lado surdo da virilidade obriga a nunca responder, a se recusar a explicar. Devemos ser leais, escrupulosos, desinteressados, mas, para além desses escrúpulos, dessa lealdade e desse desinteresse, devemos ser soberanos.

A necessidade de infringir uma vez o interdito, por mais santo que ele seja, está longe de reduzir a Nada seu princípio. Aquele que mentia pesadamente, que, mentindo, pretendia que "a única coisa atroz" era "a mentira", teve até a morte a paixão pela verdade. Emmanuel Berl contou como isso o impressionou. "Uma noite", diz ele, "saindo da casa de Proust, por volta das 3 horas da manhã (era durante a guerra), mais exausto que de costume por causa de uma conversa que excedia minhas capacidades físicas, tanto quanto intelectuais, totalmente desamparado, tive, ao me ver sozinho no bulevar Haussmann, a impressão de estar no extremo limite de mim mesmo. Tão desvairado, acredito, quanto após o desabamento de meu abrigo em Bois-le-Prêtre. Não podia suportar mais nada, a começar por mim mesmo, esgotado, envergonhado de meu esgotamento, pensava naquele homem que mal comia, que a asma sufocava, de quem o sono fugia, e que mesmo assim continuava sua luta contra a mentira ao mesmo tempo que contra a morte, sem nunca resmungar, nem diante da análise nem diante da dificuldade de formular seus resultados, e que consentia ainda num esforço suplementar para tentar diminuir um pouco a confusão covarde de minhas ideias. Minha aflição me repugnava menos que minha fraqueza de sofrê-la..."[14] Essa avidez não se opõe, muito pelo contrário, à transgressão num ponto do princípio a que ela serve. Ela é grande demais para que o princípio seja ameaçado, mesmo a hesitação seria uma fraqueza. Na base de uma virtude está o poder que temos de quebrar sua cadeia. O ensino tradicional não compreendeu esse mecanismo secreto da moral: a ideia de moral perdeu força por isso. Do lado da virtude, a vida moral tem o aspecto de um conformismo medroso; do outro, o desdém pela sensaboria é tido por imoralidade. O ensino tradicional exige em vão um rigor superficial, feito de formalismo lógico: ele vira as costas para o espírito do rigor. Nietzsche, que denunciava a moral, pensava que não sobreviveria se cometesse um crime. Se há moral autêntica, sua existência está sempre em jogo. O verdadeiro ódio pela mentira admite, não sem um horror superado, o risco corrido numa determinada mentira. A indiferença diante do risco é sua aparente leviandade. É o avesso do erotismo que admite a condenação sem a qual ele seria insosso. A ideia de intangíveis leis retira a força de uma verdade moral a que devemos aderir sem nos encadear. Veneramos, no excesso erótico, a regra que violamos. Um jogo de oposições ricocheteantes está na base de um movimento alternado de fidelidade e de revolta, que é a essência do homem. Fora desse jogo, sufocamos dentro da lógica das leis.

O gozo fundado no sentido criminoso do erotismo

Desse jogo de oposições fascinantes, Proust, comunicando-nos sua experiência da vida erótica, forneceu um aspecto inteligível.

Alguém[15] viu, arbitrariamente, o signo de um estado patológico na associação ao assassinato e ao sacrilégio da imagem absolutamente santa da mãe. "Enquanto o prazer se apossava cada vez mais de mim",

---

[14] Trata-se de um trecho do romance *Sylvia* (Paris: Gallimard, 1952. p. 133). (N.E.)

[15] FRETET, André. *L'Aliénation poétique. Rimbaud, Mallarmé, Proust*. Paris: Janin, 1946. [Na verdade o autor se chama Jean, o doutor Jean Fretet (N.E.)]

escreve o narrador da *Busca*, "sentia despertar no fundo do meu coração uma tristeza e uma desolação infinitas; parecia-me que eu fazia chorar a alma de minha mãe..." A volúpia dependia desse horror. Num ponto da *Busca*, a mãe de Proust desaparece, sem que, na sequência, fale-se de sua morte: só a morte da avó é relatada. Como se a morte da mãe tivesse tomado para o autor um sentido forte demais: é de sua avó que ele nos diz: "Aproximando a morte de minha avó e a de Albertine, parecia-me que minha vida estava maculada por um duplo assassinato". À mácula do assassinato, outra, mais profunda, se somava: a da profanação. Há de fato razão para se deter, como o fez Fretet, na passagem de *Sodoma e Gomorra* em que é dito que "os filhos que nem sempre têm a semelhança paterna consumam em seus rostos a profanação de suas mães". É preciso se deter aí, porque Proust assim conclui a passagem: "Abandonemos aqui o que mereceria um capítulo à parte: 'As mães profanadas'". Com efeito, a chave desse título de tragédia está no episódio em que a filha de Vinteuil, cuja má conduta tinha acabado de fazer seu pai morrer de mágoa, goza poucos dias depois, ainda vestindo luto, das carícias de uma amante homossexual que cospe na fotografia do morto.[16] A filha de Vinteuil personifica Marcel, e Vinteuil é a mãe de Marcel.[17] A instalação em sua casa, enquanto seu pai ainda estava vivo, da amante da Srta. Vinteuil é paralela à de Albertine nos aposentos do narrador (Albertine, na realidade o motorista Albert Agostinelli). Nada é dito, o que nos deixa no embaraço, das reações da mãe à presença da intrusa (ou do intruso). Não há leitor, imagino, que não tenha visto que nesse ponto a narrativa é imperfeita. Ao contrário, o sofrimento e a morte de Vinteuil são contados com insistência. Proust deixou em branco aquilo que algumas passagens sobre Vinteuil restituem, passagens que é dilacerante reler modificando os nomes[18]: "Para aqueles que como nós viram nessa época (a mãe de Marcel) evitar as pessoas que (ela) conhecia, desviar-se quando (ela) as percebia, envelhecida em alguns meses, absorver-se numa mágoa, tornar-se incapaz de qualquer esforço que não tivesse diretamente a felicidade de (seu filho) por meta, passar

---

[16] PROUST. *Du côté de chez Swann*, t. I.

[17] Há muito tempo, Marie-Anne Cochet e Henri Massis propuseram essa identificação, que pode ser tida por estabelecida. [Bataille se refere aos livros *L'Âme proustienne*, de Marie-Anne Cochet (Bruxelles: Collignon, 1929) e *Le Drame de Marcel Proust*, de Henri Massis (Paris: Grasset, 1937). (N.E.)]

[18] PROUST. *Du côté de chez Swann*, t. I.

dias inteiros diante do túmulo de (seu marido) – teria sido difícil não compreender que (ela) estava morrendo de mágoa, e supor que (ela) não se dava conta dos rumores que corriam. (Ela) os conhecia, talvez mesmo (ela) acreditasse neles. Talvez não haja uma pessoa, por maior que seja sua virtude, que a complexidade das circunstâncias não possa levar a viver um dia na familiaridade com o vício que condena mais terminantemente – sem que, aliás, o reconheça plenamente sob o disfarce de fatos particulares de que ele se reveste para entrar em contato com ela e fazê-la sofrer: palavras estranhas, atitude inexplicável, certa noite, de tal ser que ela tem ademais tantas razões para amar. Mas para (uma mulher) como (a mãe de Marcel) devia haver bem mais sofrimento do que para (uma outra) qualquer na resignação a uma dessas situações que acreditamos equivocadamente ser o apanágio exclusivo do mundo da boemia: elas se produzem a cada vez que um vício, que a própria natureza fez desabrochar numa criança, precisa reservar para si mesmo o lugar e a segurança que lhe são necessários... Mas do fato de que (a mãe de Marcel) conhecia talvez a conduta de (seu filho) não se segue que seu culto por (ele) tivesse diminuído. Os fatos não penetram no mundo onde vivem nossas crenças; eles não as fizeram nascer, eles não as destroem...". Devemos reler do mesmo modo, atribuindo-o a Marcel, aquilo que a *Busca* atribui à Srta. Vinteuil: "no coração de (Marcel), o mal, ao menos no início, não foi sem mistura. (Um) sádico como (ele) é o artista do mal, o que uma criatura inteiramente má não poderia ser, pois o mal não lhe seria exterior, ele lhe pareceria totalmente natural, sequer se distinguiria dela; e a virtude, a memória dos mortos, a ternura filial, como não as cultuaria, não encontraria um prazer sacrílego em profaná-las. Os sádicos da espécie de (Marcel) são seres puramente sentimentais, tão naturalmente virtuosos que mesmo o prazer sensual lhes parece algo de mau, o privilégio dos maus. E quando concedem a si mesmos entregar-se a ele por um momento, é na pele dos maus que tratam de entrar e de fazer entrar seu cúmplice, de maneira a ter em um momento a ilusão de uma evasão de sua alma escrupulosa e terna, no mundo desumano do prazer". Proust diz ainda em *O tempo redescoberto*: "Há, aliás, no sádico – por melhor que ele seja, e diria mais, quanto melhor ele for – uma sede de mal que os maus que agem com outras finalidades (se são maus por alguma razão confessável) não podem contentar". Assim como o horror é a medida do amor, a sede do Mal é a medida do Bem.

A legibilidade desse quadro é fascinante. O que se desaparece nela é a possibilidade de apreender um aspecto sem o aspecto complementar.

O Mal parece apreensível, mas é na medida em que o Bem é sua chave. Se a intensidade luminosa do Bem não conferisse sua escuridão à noite do Mal, o Mal não teria mais seu atrativo. Essa verdade é difícil. Alguma coisa se indigna naquele que a percebe. Sabemos, no entanto, que aquilo que mais atinge a sensibilidade decorre de contrastes. Em seu movimento, a vida sensual está fundada no medo que o macho inspira à fêmea, e sobre o brutal dilaceramento que o acasalamento é (é menos uma harmonia que uma violência, que culmina talvez na harmonia, mas por excesso). Em primeiro lugar, é necessário quebrar: a união resulta de combates em que a morte está em jogo. De alguma forma, um aspecto dilacerante do amor se desprende de seus avatares múltiplos. Se o amor é por vezes rosa, o rosa se combina com o preto, sem o qual ele seria o signo do insípido. Sem o preto, o rosa teria o valor que atinge a sensibilidade? Sem a infelicidade a ela ligada como a sombra à luz, uma pronta indiferença responderia à felicidade. Isso é tão verdade que os romances descrevem indefinidamente o sofrimento, quase nunca a satisfação. No fim das contas, a virtude da felicidade é feita de sua raridade. Fácil, ela seria desdenhada, associada ao tédio. Só a transgressão da regra tem o irresistível atrativo que falta à felicidade duradoura.

A cena mais forte da *Busca* (que a iguala à tragédia mais negra) não teria o sentido profundo que lhe atribuímos se o primeiro aspecto não tivesse uma contrapartida. Se, para sugerir o desejo, a cor rosa precisa de um contraste preto, esse preto seria suficientemente preto se não tivéssemos tido de início sede de pureza? se ele não tivesse embaçado nosso sonho *contra nossa vontade*? A impureza só é conhecida por contraste, por aqueles que pensavam não poder prescindir de seu contrário, da pureza. O desejo absoluto de impureza, que Sade concebeu artificialmente, levava-o ao estado de fastio em que, embotada toda sensação, a própria possibilidade do prazer se furtava. Mesmo o recurso infinito que a literatura (as cenas imaginárias dos romances) lhe oferecia não podia satisfazê-lo, pois faltava-lhe a delícia última do sentimento moral que dá aos delitos o sabor criminoso sem o qual eles parecem naturais, sem o qual *eles são naturais*. Mais hábil que Sade, Proust, ávido de gozo, deixava ao vício a cor odiosa do vício, sua condenação pela virtude. Mas se foi virtuoso, não foi para atingir o prazer, e se atingiu o prazer, foi porque, antes, quis atingir a virtude. Os maus só conhecem do Mal o benefício material. Se buscam o mal de outrem, esse mal não é mais, no final, que o bem egoísta deles. Só saímos do imbróglio onde o Mal se dissimula percebendo a ligação dos contrários, que não podem prescindir um do outro. Mostrei inicialmente que a felicidade não é desejável em si mesma, e que o tédio decorreria dela se a provação da infelicidade, ou do Mal, não nos desse a avidez por ela. A recíproca é verdadeira: se não tivéssemos, como teve Proust (e como talvez, no fundo, a teve o próprio Sade), a avidez pelo Bem, o Mal nos proporia uma série de sensações indiferentes.

Justiça, verdade e paixão

Desse conjunto inesperado, o que se desprende é a retificação do juízo comum, que, opondo o Bem ao Mal, o faz sem atenção. Se o Bem e o Mal são complementares, não resulta daí uma equivalência. Não é por engano que distinguimos condutas *humanamente* plenas de sentido de outras de sentido odioso. Mas a oposição entre essas condutas não é aquela que opõe em teoria o Bem ao Mal.

A miséria da tradição é se apoiar sobre a fraqueza, que implica a preocupação com o porvir. A preocupação com o porvir exalta a avareza; condena a imprevidência, que desperdiça. A fraqueza previdente se opõe ao princípio do gozo do instante presente. A moral tradicional está de acordo com a avareza, vê na preferência pelo gozo imediato a raiz do Mal. A moral avara funda a aliança entre a justiça e a polícia. Se prefiro o gozo, detesto a repressão. O paradoxo da justiça é que a moral avara a liga à estreiteza da repressão; a moral generosa vê aí o primeiro movimento daquele que que quer que cada um tenha o que lhe cabe, que acorre em ajuda à vítima da injustiça. Sem essa generosidade, a justiça poderia *palpitar*? e quem poderia dizê-la *pronta para cantar?*

Da mesma forma, a verdade seria o que é se não se afirmasse *generosamente* contra a mentira? Frequentemente, a paixão pela verdade e pela justiça se afasta das posições em que seu grito é o da massa política, pois a massa, que a generosidade por vezes agita, por vezes recebe a inclinação contrária. Sempre, em nós, a generosidade se opõe ao movimento da avareza, como ao cálculo racional a paixão. Não podemos nos remeter cegamente à paixão, que cobre também a avareza, mas a generosidade supera a razão e é sempre apaixonada. Há em nós alguma coisa de apaixonado, de generoso e de *sagrado* que excede as representações da inteligência: é por esse excesso que somos humanos. Seria completamente vão falar de justiça e de verdade num mundo de autômatos inteligentes.

Foi somente por esperar dela alguma coisa de sagrado que a verdade suscitou em Marcel Proust a cólera que apavorou Emmanuel Berl. Berl descreveu em termos comoventes[19] a cena em que Proust o expulsou de sua casa, gritando: "Saia daqui! Saia daqui!". Berl, tendo projetado se casar, pareceu-lhe perdido para a verdade. Delírio de Proust? Talvez, mas a verdade se daria a quem não a amasse até o delírio? Retomo a descrição dessa paixão: "Seu rosto, já pálido", escreve Berl, "empalideceu ainda mais. Seus olhos faiscavam de furor. Ele se levantou e se vestiu em sua cabine de toalete. Precisava sair. Reparei no vigor daquele doente. Até então, não prestara atenção nisso. Seus cabelos eram muito mais pretos e espessos que os meus, seus dentes mais sólidos, seu maxilar pesado parecia capaz de se mexer muito, seu peito, decerto bombeado pela asma, fazia ressair a largura de seus ombros.[20] Se fosse preciso vir às mãos, como acreditei que seria por um segundo, não estava certo de que apostaria em mim". A verdade – e a justiça – exigem a calma, e, no entanto, só pertencem aos violentos.

Nossos momentos de paixões nos afastam, é verdade, dos dados – mais grosseiros – do combate político; mas como esquecer que, por vezes, é na base uma cólera generosa que anima o povo? É inesperado, mas significativo: o próprio Proust sublinhou o caráter inconciliável da polícia com a generosidade do povo. Proust, que teve a fúria pela verdade, exprimiu a fúria por justiça que, uma vez, apoderou-se dele: instantaneamente, ele se viu "devolvendo com todo seu coração, por sua cólera, os golpes que o mais fraco recebe, como no dia em que ficou sabendo que um ladrão tinha acabado de ser denunciado, depois cercado e, após uma resistência desesperada, garrotado pelos agentes de polícia, teria desejado que ele fosse forte o bastante para massacrar os agentes...".[21] Esse movimento de revolta, inesperado da parte de

---

[19] Em *Sylvia,* p. 152.

[20] Uma das fotos mais tardias de Marcel Proust me parece corresponder muito bem a essa descrição desconcertante. Ver CATTAUI, Georges. *Marcel Proust.* Paris: Julliard, 1952. p. 177.

[21] PROUST. *Jean Santeuil,* t. I, p. 318.

Proust, comoveu-me. Vejo aí a aproximação entre a cólera, que a reflexão prolongada sufoca, e a sabedoria, sem a qual a cólera é vã. Se a noite da cólera e a lucidez da sabedoria não coincidem enfim, como nos reconhecer neste mundo? Mas os fragmentos se reencontram no ápice: apreendemos a verdade, de que os contrários, de que o Bem e o Mal se compõem.[22]

---

[22] Na revista *Critique*, o final do texto é diferente: "[massacrado os agentes.] Mas como a paixão tem curso aqui no quadro tortuoso de um mundo que é político (em vez de buscar, como em outras partes, uma extrema medida do possível), ele logo teve de ver tudo se apesentar, compreender que uma luta cuja regra é negar a humanidade do inimigo é sempre em parte a derrisão da razão de lutar. É por isso que acrescentava: 'sem pensar que aqueles agentes, odiosos para ele porque eram mais fortes e deviam estar rindo da situação, também eram fracos em suas horas, diante da morte de uma filha ou da facada dada por um ladrão no coração de um deles'. Filosofia de senhorinha? Decerto, mas o sábio, em definitivo, não é o homem que se encontra à vontade no espírito do ser mais simples?". (N.E.)

Apêndice ao capítulo sobre Proust

Resenha de Jean Santeuil *publicada na revista* Critique *(n. 62, jul. 1952, p. 647-648)*

MARCEL PROUST. *Jean Santeuil*. Préface d'André Maurois. Gallimard, 1952, 3 vol. in-16.

Quando capítulos tirados de *Jean Santeuil* apareceram inicialmente na revista *La Table Ronde*, foi difícil não ficar decepcionado com esboços muito desajeitados, em que encontrávamos alguns dos elementos formais da *Busca*, mas sem nada que operasse, que abrisse um infinito de perspectivas moventes, numa palavra, sem que a "comunicação" se estabelecesse. Da *Busca* ao leitor, transmite-se uma corrente furtiva, íntima e suave, que ganha a cumplicidade: *Jean Santeuil* nos informa por vezes dos mesmos fatos, mas não age: esses fatos, nós os percebemos agora tais como um escritor frio e *apressado* os exibe, eles nunca nos tocam, tiramos deles apenas uma evidência penosa, a da impotência do autor. Havia na divulgação dessas primeiras páginas com o que justificar a reação daqueles que perguntaram: "era mesmo preciso publicar essa obra abandonada, aparentemente destinada à destruição?".

Não me parece que, na ausência de instruções escritas, o *parti pris* de recusar o livro ao público fosse de algum modo justificável. Há na morte um abandono total, para além do qual uma espécie de acaso faz com que aquilo que subsiste do domínio privado passe ao domínio comum: sem falar do capricho de herdeiros todo-poderosos, o que decide então – na ausência do autor – é a curiosidade dos possíveis leitores, na disposição dos quais tudo caiu. Uma simples dúvida sobre as definitivas intenções de Kafka permitiu a publicação de *O processo* e de *O castelo*. Tanto quanto qualquer outro, imagino a raiva do autor diante da ideia de uma obra falha, de todo modo inacabada, oferecida mesmo assim à risada. Mas se ele não manifestou clara e categoricamente esse sentimento, ninguém está em direito de prejulgar disso. Aquilo de privado que um escritor – homem público – não soube ele próprio furtar à curiosidade da multidão pertence à multidão. A *humanidade* inteira reencontra na morte um direito de olhar que ela abandona durante a vida, mas provisoriamente, e sem jamais esquecer que tudo o que é humano, mesmo privado, é de sua alçada. O público, se quiser, deixará *Jean Santeuil* de lado, mas os editores estavam livres para fundar sua decisão numa previsão oposta. Tudo indica que tinham razão.

No fim das contas, os extratos decepcionantes de *La Table Ronde* têm seu interesse apesar de tudo, mas não fornecem a medida de *Jean Santeuil*, que, tomado em conjunto, revela-se aquilo que é: um livro admirável sob muitos aspectos.

Não parece, aliás, que esses esboços ganhariam alguma coisa em ser retomados. Toda a narrativa fora decerto mal começada, num quadro rígido, dentro do qual Proust não podia encontrar a incomparável desenvoltura que abre a sutil comunicação da *Busca*. Em *Jean Santeuil,* os dados da observação ainda não estão verdadeiramente *afogados na observação*, distinguem-se ainda daquele que observou, não fazendo corpo com ele. Somos nós que devemos, *a posteriori*, fazer esse trabalho: somos nós que devemos afogar as imagens tiradas da narrativa, devolvendo-as à vida de que a falta de jeito noviça do autor as separava. Não é fácil, mas o conhecimento aprofundado da *Busca* nos ajuda, e é duvidoso que o próprio autor conseguisse isso se não tivesse primeiro abandonado um texto em que as coisas se enrijeciam, por causa de uma forma banal, recebida da tradição.

Isso é verdade mesmo da totalidade de *Jean Santeuil*. No entanto, cada vez menos à medida que a narrativa se desenvolve. Provavelmente o maior interesse desse livro, em que encontramos em forma de esboço todo o início da *Busca*, seja o de nos mostrar, fazendo-se pouco a pouco, esse método que é como o aniquilamento do objeto de que se fala no sujeito que fala, e na *liberação* desse sujeito. Uma passagem que inicia no estilo mais rígido (III, p. 298: "O duque de

Réveillon pedira a Jean que fosse ver para ele o Sr. Sylvain Bastelle, o célebre escritor, membro da academia francesa") nos oferece provavelmente o aspecto mais preciso do nascimento desse método, que é exatamente a "busca". "Cada vez mais o dever se apresentava a seus olhos como a obrigação de se consagrar aos pensamentos que, certos dias, invadiam em massa seu pensamento. Ou, antes, ele não poderia dizer que se tratava propriamente dos pensamentos, mas de um certo encanto que encontrava em si mesmo, de uma certa maneira que ele tentava antes conservar que aprofundar. Conservar até o momento em que, sentado num quarto onde ninguém podia perturbá-lo, era preciso então descobrir esse pensamento que só lhe aparecera velado por uma vaga imagem, seja uma tarde quente num parque com íris saindo de um tanque à sombra, seja uma chuva fria caindo sobre a cidade, seja...". Mas não tive a intenção, em algumas linhas, de fazer mais que oferecer, para começar, a mais vaga apreciação dessa obra surgida tardiamente da morte, de caixas abandonadas no guarda-móveis.

Kafka[1]

---

[1] Publicado inicialmente em *Critique* (n. 41, out. 1950, p. 22-36) como "Franz Kafka dévant la critique communiste" [Franz Kafka diante da crítica comunista], esse estudo também está relacionado aos manuscritos de *La Souveraineté* [A soberania], livro redigido, mas não publicado, por Bataille nos anos 1950. (N.E.)

É preciso queimar Kafka?

Pouco depois da guerra, um semanário comunista (*Action*) abriu uma enquete sobre um tema inesperado. *É preciso queimar Kafka?* era a pergunta. Questão ainda mais louca, já que de nenhum modo precedida por aquelas que a teriam introduzido: é preciso queimar os livros? Ou, em geral, que tipo de livros queimar? Seja como for, a escolha dos redatores era sutil. Inútil relembrar que o autor de *O processo* é, como se diz, "um dos maiores gênios de nossa época". Mas o grande número de respostas demonstrou que a audácia compensava. Além do mais, a enquete tinha, bem antes de ser formulada, recebido uma resposta que o semanário omitiu publicar: a resposta do próprio autor, que viveu, ou ao menos morreu, fustigado pelo desejo de queimar seus livros.

A meu ver, até o final, Kafka não saiu da indecisão. Esses livros, para começar, ele os escreveu; é preciso imaginar algum tempo entre o dia em que se escreve e aquele em que se decide queimar. Depois ele ficou na decisão equívoca, confiando a execução do auto da fé àquele de seus amigos que o avisara: recusava-se a executá-lo. Não morreu, no entanto, sem ter exprimido essa vontade, de aparência decisiva: era preciso jogar no fogo aquilo que deixava.

Seja como for, a ideia de queimar Kafka — ainda que fosse apenas uma provocação — era lógica no espírito dos comunistas. Essas chamas imaginárias ajudam mesmo a compreender direito esses livros: são livros para o fogo, objetos aos quais faz falta na verdade estar em fogo, estão ali mas *para desaparecer*; já, como se estivessem aniquilados.

Kafka, a terra prometida e a sociedade revolucionária

Entre os escritores, Kafka foi talvez o mais esperto: ele, ao menos, não se deixou enganar!... Em primeiro lugar, ao contrário de muitos modernos, ser um escritor foi justamente aquilo que *quis*. Ele compreendeu que a literatura, *aquilo que ele queria*, recusava-lhe a satisfação esperada, mas não parou de escrever. Seria mesmo impossível dizer que a literatura o decepcionou. Ela não o decepcionou, de toda maneira, em comparação com outras metas possíveis. Admitimos que ela foi para ele o que a terra prometida foi para Moisés.

Kafka diz isto de Moisés[2]: "o fato de ele não dever ver a terra prometida senão na véspera de sua morte não é crível. Essa suprema perspectiva não poderia ter outro sentido que não o de representar a que ponto a vida humana não é mais que um instante incompleto, porque esse gênero de vida (a espera da terra prometida) poderia durar infinitamente sem que disso jamais resultasse outra coisa além de um instante. Não foi por ter tido uma vida breve que Moisés não atingiu Canaã, foi porque era uma vida humana". Não é mais apenas a denúncia do caráter vão de tal bem, mas de todas as metas, igualmente vazias de sentido: sempre uma meta é, sem esperança, *no tempo*, como um peixe está na água, um ponto qualquer no movimento do universo: *porque se trata de uma vida humana*.

Existe algo mais contrário à posição comunista? Do comunismo, podemos dizer que ele é a ação por excelência, a ação que muda o mundo. Nele, a meta, o mundo transformado, situado no tempo, no tempo por vir, subordina a existência, a atividade presente, que só tem como sentido uma meta visada, *esse mundo que é preciso mudar*. Quanto a isso, o comunismo não suscita nenhuma dificuldade de princípio. Toda a humanidade está disposta a subordinar o tempo presente ao poder imperativo de uma meta. Ninguém duvida do valor da ação, e ninguém disputa com a ação a autoridade última.

---

[2] KAFKA, Franz. *Journal intime*. Suivi de *Esquisse d'une biographie. Considérations sur le péché. Méditations*. Introduction et traduction par Pierre Klossowski [*Diário íntimo*. Seguido de *Esboço de uma biografia. Considerações sobre o pecado. Meditações*. Introdução e tradução de Pierre Klossowski. Há duas traduções em português do *Diário íntimo de Kafka*: a de Torrieri Guimarães (Livraria Exposição do Livro, 1964), feita a partir do espanhol, segundo Denise Bottmann; e a de Oswaldo da Purificação (São Paulo: Nova Editorial, s/d), feita a partir do inglês]. Paris: Grasset, 1949, p. 189-190 (19 de outubro de 1921).

Resta, a rigor, uma reserva insignificante: dizemo-nos que agir nunca impediu de viver... Assim, o mundo da ação nunca teve outra preocupação além da meta visada. As metas diferem segundo a intenção, mas sua diversidade, e às vezes mesmo sua oposição, sempre reservou uma via para a conveniência individual. Só uma cabeça malfeita, e quase louca, recusa uma meta sem ser em função de outra mais válida. Kafka ele próprio dá a entender inicialmente que, se Moisés foi um objeto de derrisão, foi porque ele devia, segundo a profecia, morrer no instante em que tocasse a meta. Mas acrescenta, com lógica, que a razão profunda de seu insucesso foi ter uma "vida humana". A meta é diferida no tempo, o tempo é limitado: isso basta para que Kafka tome a meta em si mesma como um engodo.

É tão paradoxal – e é tão perfeitamente o contrapé da atitude comunista (a atitude de Kafka não é apenas contrária à preocupação política que quer que nada conte se a revolução não ocorre) – que devemos examinar isso mais detidamente.

A perfeita puerilidade de Kafka

A tarefa não é fácil.

Kafka sempre exprimiu seu pensamento, quando o decidiu expressamente (em seu diário ou em suas páginas de reflexões), fazendo uma armadilha de cada palavra (edificava perigosos edifícios, em que as palavras não se ordenam logicamente, mas içam-se umas sobre as outras, como se quisessem tão somente surpreender, desorientar, como se elas se dirigissem ao próprio autor, que nunca se cansou, ao que parece, de ir de espanto em extravio).

O mais vão decerto é atribuir um sentido aos escritos propriamente literários, em que frequentemente se viu o que não há, em que se viu, no melhor dos casos, aquilo que, uma vez esboçado, esquivava-se até à mais tímida afirmação.[3]

Devemos primeiro exprimir essas reservas. Seguimos, contudo, num dédalo, um sentido geral da andança que, evidentemente, só é apreendido no momento em que, desse dédalo, saímos: então creio ser

---

[3] Não posso dar outra resposta a Joseph Gabel, que me coloca em causa (em *Critique*, n. 78, nov. 1953, p. 959). O circo de Oklahoma não basta para introduzir, na obra de Kafka, a perspectiva histórica.

possível dizer, simplesmente, que a obra de Kafka dá mostras, em seu conjunto, de uma atitude realmente infantil.

A meu ver, o ponto fraco de nosso mundo é, de modo geral, considerar a infantilidade como uma esfera à parte, que, decerto, em algum sentido, não nos é estranha, mas que permanece fora de nós e não poderia, por si só, constituir nem significar sua verdade: aquilo que ela é verdadeiramente. Da mesma forma, em geral, ninguém toma o erro por constitutivo do verdadeiro... "É infantil" ou "não é sério" são proposições equivalentes. Mas infantis, para começar, todos nós somos, absolutamente, sem reticências, e mesmo, é preciso dizer, da maneira mais surpreendente: é assim (por infantilidade) que no estado nascente a humanidade manifesta sua essência. Propriamente falando, o animal nunca é infantil, mas o jovem ser humano reconduz, ele, não sem paixão, os sentidos que o adulto lhe sugere a algum outro que, ele próprio, não se deixa reconduzir a nada. Esse é o mundo a que aderíamos e que, nas primeiras vezes, até a delícia, nos embriagava com sua inocência: onde cada coisa, por um tempo, dispensava essa razão de ser que a fez *coisa* (na engrenagem de sentido em que o adulto a segue).

Kafka deixou de si mesmo aquilo que o editor nomeou o "esboço de uma autobiografia".[4] O fragmento versa apenas sobre a infância e sobre um traço particular. "Nunca farão compreender a um garoto que, à noite, está bem no meio de uma história cativante, nunca o farão compreender por meio de uma demonstração limitada a ele próprio que é preciso interromper sua leitura e ir dormir." Kafka diz mais adiante: "O importante em tudo isso é que a condenação que minha leitura exagerada sofrera, pelos meus próprios meios eu a estendia à falta, permanecida secreta, a meu dever e, assim, chegava ao resultado mais deprimente". O autor adulto insiste no fato de que a condenação incidia sobre gostos que formavam as "particularidades da criança": a coação o fazia ou "detestar o opressor" ou tomar por insignificantes as particularidades proibidas. "Eu passava sob silêncio, escreve ele, uma de minhas particularidades, então resultava disso que eu me detestava, a mim e ao meu destino, que eu me tomava por mau ou por danado."

O leitor de *O processo* ou de *O castelo* não tem dificuldade em reconhecer a atmosfera das composições romanescas de Kafka. Ao crime de ler sucedeu, quando chegou à idade viril, o crime de escrever.

---

[4] Publicado em *Journal intime*, p. 235-243.

Quando a literatura esteve em questão, a atitude de seus próximos, sobretudo a de seu pai, foi marcada por uma reprovação semelhante àquela que incidia sobre a leitura. Kafka se desesperou com isso do mesmo modo. A esse respeito, Michel Carrouges disse com acerto: "O que ele sentia com tanto pavor era aquela falta de consideração para com suas preocupações mais profundas". Falando de uma cena em que o desprezo dos seus se manifestou cruelmente, Kafka exclama: "Fiquei sentado e me debrucei como antes sobre minha família... mas na verdade eu acabava de ser expulso de um só golpe da sociedade".[5]

A manutenção da situação infantil

O que é estranho no caráter de Kafka é que ele quis essencialmente que seu pai o compreendesse e estivesse de acordo com a infantilidade de sua leitura, mais tarde da literatura, que não rejeitasse para fora da sociedade dos adultos, única indestrutível, aquilo que ele, Kafka, confundiu desde a infância com a essência, com a particularidade de seu ser. Seu pai era para ele o homem da autoridade, cujo interesse se limitava aos valores da ação eficaz. Seu pai significava o primado de uma meta que subordinava a vida presente, meta à qual a maior parte dos adultos se atém. *Puerilmente*, Kafka vivia, como todo escritor autêntico, sob o primado oposto, o primado do desejo atual. É verdade que se submeteu ao suplício de um trabalho de escritório, mas não sem queixas, se não contra aqueles que o obrigaram a ele, ao menos contra sua má sorte. Sentiu-se sempre excluído da sociedade que o empregava, mas tomava por nada – por infantilidade – aquilo que no fundo de si mesmo ele era com uma paixão exclusiva. O pai evidentemente respondia com a dura incompreensão do mundo da atividade. Em 1919, Franz Kafka escreveu, mas, sem dúvida felizmente, não enviou a seu pai, uma carta de que conhecemos alguns fragmentos.[6] "Eu era", diz ele, "uma criança ansiosa, porém obstinada, como todas as crianças, decerto minha mãe me mimava também; não posso acreditar, no entanto, que fosse tão intratável assim, não posso acreditar que uma palavra amável, que uma maneira silenciosa de levar pela mão, que um bom olhar não tivessem obtido de mim tudo o que se desejasse. Tu, tu só consegues tratar uma

---

[5] CARROUGES, Michel. *Franz Kafka*. Paris: Labergerie, 1949. p. 83.

[6] Publicado em *Journal intime*, p. 39-49.

criança de acordo com tua própria natureza, com força, com arroubos, com cólera... Tinhas te elevado com tua própria força a uma posição tão alta que tinhas em ti mesmo uma confiança ilimitada... Em tua presença, eu começava a gaguejar... Diante de ti, eu perdia a confiança em mim mesmo e assumia em contrapartida um sentimento de culpabilidade sem limites. Foi me lembrando do caráter ilimitado desse sentimento que escrevi um dia de alguém[7]: 'Ele temia que a vergonha sobrevivesse a ele...'. Era de ti que se tratava em tudo aquilo que me ocorria escrever, o que eu fazia senão derramar as queixas que não tinha podido derramar em teu seio? Era, voluntariamente arrastada em duração, uma dispensa que eu tomava de ti...".

Kafka queria intitular sua obra inteira: *Tentações de fuga da esfera paterna*.[8] Não devemos nos enganar: Kafka nunca quis fugir verdadeiramente. O que ele queria era viver na esfera – *como excluído*. Na base, ele se sabia expulso. Não se pode dizer que o tenha sido pelos outros, não se pode dizer que expulsasse a si mesmo. Simplesmente ele se conduzia de maneira a se tornar insuportável para o mundo da atividade interessada, industrial e comercial, queria se manter na puerilidade do sonho.

A fuga de que se trata difere essencialmente daquela de que tratam as crônicas literárias: é uma fuga que fracassa. E mesmo uma fuga que deve, uma fuga que quer fracassar. Aquilo que falta à fuga vulgar, que a limita ao compromisso, ao "blefe", é um sentimento de culpabilidade profunda, de violação de uma indestrutível lei, a lucidez de uma consciência de si sem piedade. O fugitivo das crônicas é um diletante, está satisfeito em divertir; ainda não está livre, não no sentido forte da palavra, em que a liberdade é soberana. Para ser livre, ele teria de se fazer reconhecer como tal pela sociedade dominante.

No mundo obsoleto da feudalidade austríaca, a única sociedade que poderia reconhecer o jovem israelita era a esfera paterna dos negócios, excluindo as trapaças de um esnobismo literário. O meio onde o poder do pai de Franz se afirmava inconteste anunciava a dura rivalidade do

---

[7] Do herói de *O processo*, Joseph K., evidente duplo do próprio autor.

[8] CARROUGES. *Franz Kafka*, p. 85. [Segundo Marthe Robert, Max Brod, ao fornecer esta informação, escreve duas vezes *Versuchungen* (tentações) e uma *Versuchen* (tentativas). Cf. ROBERT, Marthe. *Seul, comme Franz Kafka*. Paris: Calmann-Lévy, 1979, p. 167. (N.E.)].

trabalho, que não concede nada ao capricho e limita à infância uma infantilidade tolerada, até amada dentro de seus limites, mas condenada em seu princípio. A atitude de Kafka quer ser agora esclarecida, e seu caráter extremo, marcado. Não apenas ele devia ser reconhecido pela autoridade menos suscetível de reconhecê-lo (já que – estava resolvido a isso sem reticências – ele não cederia), como ainda nunca teve a intenção de abater essa autoridade, ou sequer de se opor a ela. Ele não quis se opor a esse pai que lhe retirava a possibilidade de viver, não quis ser, por sua vez, *adulto e pai*. À sua maneira, travou uma luta mortal para entrar na sociedade paterna com a plenitude de seus direitos, mas só teria admitido o êxito sob uma condição, *permanecer a criança irresponsável que era*.

Perseverou sem concessão, até o último suspiro, num combate desesperado. Nunca teve esperança: a única saída era entrar pela morte, abandonando plenamente a particularidade (o capricho, a infantilidade), no mundo do pai. Ele mesmo formulou, em 1917, esta solução que seus romances multiplicaram: "Seria então", diz ele, "*à morte* que eu me confiaria. Resto de uma crença. *Volta ao pai*. Grande dia de reconciliação".[9] O meio de que dispunha para agir como pai era o casamento. Ora, ele se esquivou, apesar do desejo que teve de se casar, por razões muito válidas: rompeu seu noivado duas vezes. Vivia "isolado das gerações passadas" e "não pôde [...] se tornar uma nova origem de gerações".[10]

"O obstáculo essencial a meu casamento", diz ele na "carta a seu pai", "é minha convicção, já definitiva, de que para assegurar a existência de uma família, e sobretudo para dirigi-la, são necessárias as qualidades que conheço em ti...".[11] É preciso, digamos com todas as letras, ser o que tu és, trair aquilo que sou.

Kafka teve a escolha entre os escândalos – pueris, discretos – do capricho, do humor soberano, que, não dizendo respeito a nada, nada subordina a uma felicidade prometida – e a busca daquela felicidade efetivamente prometida à atividade laboriosa e à autoridade viril. Teve a escolha, pois fez a prova de ambas; soube, se não se negar e se perder nas engrenagens do trabalho ingrato, ao menos assegurar seu funcionamento com consciência. Optou pelo capricho incoercível de seus heróis, por suas infantilidades, sua ansiosa indolência, sua escandalosa

---

[9] CARROUGES. *Franz Kafka*, p. 144. Eu sublinhando.

[10] CARROUGES. *Franz Kafka*, p. 85.

[11] KAFKA. *Journal intime*, p. 40.

conduta e a evidente mentira de sua atitude. Quis, numa palavra, que a existência de um mundo sem razão, e cujos sentidos não se ordenam, permanecesse a existência soberana, a existência possível na medida em que solicita a morte.

Sem escapatória, sem fraqueza, ele o quis, recusando-se a deixar ao valor soberano de sua escolha qualquer chance ao preço de um disfarce. Nunca tergiversou, exigindo, para aquilo que só é soberano sem direito, o privilégio da seriedade. O que são caprichos garantidos por leis e pelo poder senão feras de jardim zoológico? Ele sentiu que a verdade, a autenticidade do capricho exigia a doença, o desarranjo até a morte. O direito, como disse Maurice Blanchot[12] falando de Kafka, é a coisa da ação, "a arte (o capricho) não tem direito contra a ação". O mundo é forçosamente o bem daqueles a quem uma *terra prometida* foi atribuída, os quais, se preciso, trabalham juntos e lutam para chegar a ela. Foi a força silenciosa de Kafka não querer contestar a autoridade que lhe negava a possibilidade de viver e se afastar do erro comum, que implica, diante da autoridade, o jogo da rivalidade. Se finalmente chega à vitória, aquele que recusava a coação, por sua vez, torna-se, para si mesmo tanto quanto para outrem, semelhante àqueles que combateu, que se encarregam da coação. A vida pueril, o capricho soberano, sem cálculo, não podem sobreviver a seu próprio triunfo. Nada é soberano a não ser sob uma condição: não ter a eficácia do poder, que é ação, primado do porvir sobre o momento presente, primado da terra prometida. Seguramente, não lutar para destruir um adversário cruel é o mais duro, é oferecer-se à morte. Para suportar sem se trair, é preciso travar uma luta sem reticências, austera e angustiada: é a única chance de manter essa pureza delirante, nunca ligada à intenção lógica, sempre pisando em falso nas engrenagens da ação, essa pureza que atola todos os seus heróis no lamaçal de uma culpabilidade crescente. Existe algo mais pueril ou mais silenciosamente incongruente que o K. de *O castelo*, que o Joseph K. de *O processo?* Esse duplo personagem, "o mesmo nos dois livros", sorrateiramente agressivo, agressivo sem cálculo, sem razão: um capricho aberrante, uma obstinação de cego o perdem. "Ele espera tudo da benevolência de impiedosas autoridades, comporta-se como o mais desavergonhado libertino em plena sala do albergue (e do albergue dos funcionários), bem no meio da escola, na

---

[12] BLANCHOT, Maurice. *La Part du feu*. Paris: Gallimard, 1949. [Edição brasileira: *A parte do fogo*. Tradução de Ana Maria Scherer. Rio de Janeiro: Rocco, 1997.]

casa de seu advogado [...], na sala de audiências do Tribunal".[13] O pai, em *O veredito*, é reduzido pelo filho à derrisão, mas está sempre seguro de que a profunda, a excedente, a fatal, a involuntária destruição da autoridade de suas metas será paga; o introdutor da desordem, tendo soltado os cães sem ter se assegurado de um refúgio, sendo ele próprio desfeito nas trevas, será a primeira vítima. Decerto é esta a fatalidade de tudo aquilo que é humanamente soberano: o que é soberano não pode durar senão na negação de si mesmo (o menor cálculo e tudo vai por terra, não há mais que servidão, primado sobre o tempo presente do objeto do cálculo) ou no instante duradouro da morte. A morte é o único meio de evitar a abdicação da soberania. Não há servidão na morte; na morte, não há mais *nada*.

O universo alegre de Franz Kafka

Kafka não evoca uma vida soberana, mas, pelo contrário, amarrada até nos momentos mais caprichosos, essa vida é obstinadamente triste. O erotismo em *O processo* ou *O castelo* é um erotismo sem amor, sem desejo e sem força, um erotismo de deserto, ao qual, a todo custo, seria preciso escapar.[14] Mas tudo se embaralha. Em 1922, Kafka escreve em seu diário[15]: "Quando ainda estava satisfeito, queria estar insatisfeito, e por todos os meios do século e da tradição que me eram acessíveis, lançava-me na insatisfação: agora gostaria de poder voltar a meu estado primeiro. Encontrava-me, portanto, sempre insatisfeito, mesmo de minha insatisfação. É singular que com bastante sistematização alguma realidade tenha podido nascer dessa comédia. Minha degradação espiritual começou com um jogo infantil, é verdade, conscientemente infantil. Por exemplo, eu simulava tiques no rosto, passeava com os braços cruzados atrás da cabeça, criancice detestável, mas coroada de sucesso. O mesmo se deu com a evolução de minha expressão literária, evolução que, mais tarde, infelizmente se interrompeu. Se fosse possível obrigar o infortúnio a ocorrer, deveriam poder obrigá-lo dessa maneira". Mas em outra parte encontramos este fragmento sem data[16]: "não

---

[13] CARROUGES. *Franz Kafka*, p. 26.

[14] CARROUGES. *Franz Kafka*, p. 26-27.

[15] KAFKA. *Journal intime*, p. 203.

[16] KAFKA. *Journal intime*, p. 219-220.

é a vitória que espero, não é a luta que me regozija, é apenas enquanto a única coisa que haja a fazer que ela pode me regozijar. Como tal, a luta me enche, de fato, de uma alegria que transborda minha faculdade de gozar ou minha faculdade de dom, e não será talvez à luta, mas à alegria, que terminarei por sucumbir".

Em suma, ele quis ser infeliz para se satisfazer: o mais secreto dessa infelicidade era uma alegria tão intensa que ele fala em morrer dela. Transcrevo o fragmento que vem a seguir[17]: "Ele inclinou a cabeça para o lado: no pescoço assim descoberto há uma chaga, borbulhando na carne e no sangue ardentes, feita por um relâmpago que ainda dura". O relâmpago cegante – o relâmpago duradouro – tem decerto mais sentido que a depressão que o precedia. Esta pergunta surpreendente está inserida no *Diário* (em 1917)[18]: "Nunca [...] pude compreender que fosse possível, praticamente a qualquer um que saiba escrever, objetivar a dor na dor, de tal forma que, por exemplo, na infelicidade, talvez com a cabeça ainda queimando de infelicidade, posso me sentar para comunicar a alguém por escrito: Estou infeliz. Ainda mais, indo mesmo além, posso com diversos floreados, seguindo meus dons que parecem não ter nada em comum com a infelicidade, improvisar sobre esse tema, simples ou antiteticamente, ou ainda com orquestrações inteiras de associações. E não está aí nem a mentira nem o apaziguamento da dor, trata-se de um excedente de forças, concedido pela graça, num momento em que, no entanto, a dor visivelmente esgotou todas as minhas forças até o fundo de meu ser que ela ainda esfola. Que excedente é esse então?". Retomemos a pergunta: que excedente é esse?

Entre os contos de Kafka, poucos têm tanto interesse quanto *O veredito*:

"Essa história", diz o diário em 23 de setembro de 1912,[19] "eu a escrevi de um só fôlego na noite de 22 para 23, das 10 horas da noite às 6 horas da manhã. Mal pude retirar de debaixo da mesa minhas pernas duras de tanto ter ficado sentado. O esforço e a alegria terríveis em ver como a história se desenvolvia diante de mim, como eu fendia as águas. Diversas vezes, ao longo dessa noite, eu fazia incidir todo meu peso sobre as costas. Como qualquer coisa pode ser dita, como para

---

[17] KAFKA. *Journal intime*, p. 220.

[18] KAFKA. *Journal intime*, p. 184.

[19] KAFKA. *Journal intime*, p. 173.

todas as ideias que vêm ao espírito, para as ideias mais estranhas, um grande fogo está preparado, onde elas desaparecem e ressuscitam..."

"Essa novela conta", diz Carrouges,[20] "a história de um jovem que briga com seu pai a respeito da existência de um amigo e que, no final, desesperado, se suicida. Em algumas linhas, tão breves quanto a descrição da briga foi longa, é-nos dito como esse jovem se mata:

'Ele jorra para fora da porta e transpõe os trilhos do bonde, empurrado irresistivelmente para a água. E já estava agarrado ao parapeito como um esfomeado se agarra à comida. Saltou a mureta, como ginasta consumado que fora em sua juventude para orgulho de seus pais. Manteve-se ainda agarrado por um instante com uma mão que enfraquecia, espiou, por entre as barras, a passagem de um ônibus cujo barulho cobriria facilmente o barulho de sua queda, gritou debilmente: 'Queridos pais, eu, no entanto, sempre vos amei!' e se deixou cair no vazio.

'Naquele momento havia sobre a ponte uma circulação literalmente louca'."

Michel Carrouges tem razão em insistir no valor poético da frase final. O próprio Kafka deu a ela outro sentido ao piedoso Max Brod: "Sabe", disse-lhe ele, "o que significa a frase final? Ao escrevê-la, pensei numa forte ejaculação".[21] Essa "extraordinária declaração" daria a entrever "segundos planos eróticos"? designaria "no ato de escrever uma espécie de compensação da derrota diante do pai e do fracasso no sonho de transmitir a vida"?[22] Não sei, mas à luz dessa "declaração", a frase relida exprime a soberania da alegria, o deslizamento soberano do ser no *nada* – que os *outros* são para ele.

Essa soberania da alegria é paga com a morte.[23] A angústia a precedia – como uma consciência da fatalidade da solução – já como uma apreensão do momento de embriaguez que será a condenação, da ver-

---

[20] KAFKA. *Journal intime*, p. 27-28.

[21] CARROUGES. *Franz Kafka*, p. 103.

[22] CARROUGES. *Franz Kafka*, p. 103.

[23] Acredito dever citar aqui uma frase destinada a outro livro: "É só equivocadamente que prestamos uma atenção fundamental à passagem do ser de uma forma a outra. Nossa fraqueza quer que conheçamos os outros como se fossem apenas *foras*, mas eles são tanto quanto nós *interiores*. Se consideramos a morte, o vazio que ela deixa obseda em nós a preocupação pessoal, ao passo que o mundo só é composto de cheios. Mas a morte irreal, deixando o sentimento de um vazio, ao mesmo tempo que nos angustia nos atrai, pois esse vazio está sob o signo da plenitude do ser". *O nada* ou o *vazio*, ou os *outros*, remetem-se da mesma maneira a uma plenitude

tigem liberadora que será a morte. Mas a infelicidade não é apenas a punição. A morte de Georg Bendemman tinha para seu duplo, Kafka, o sentido da felicidade: a condenação voluntária prolongava a desmesura que a provocara, mas suspendia a angústia atribuindo ao pai um amor, um respeito definitivos. Não havia outro meio de fazer concordar a profunda veneração e a falta deliberada a essa veneração. A soberania só existe a esse preço, só pode se dar o direito de morrer: nunca pode agir, jamais reivindicar direitos que só a ação tem, a ação que nunca é autenticamente soberana, tendo o sentido servil inerente à busca dos resultados, a ação, sempre subordinada. Haveria qualquer coisa de inesperado nessa cumplicidade entre a morte e o prazer? mas o prazer – aquilo que agrada, sem cálculo, contra todo cálculo – sendo o atributo, ou o emblema do ser soberano, tem por sanção a morte, que é também seu meio.

Tudo está dito. Não é nos momentos eróticos que o relâmpago ou a alegria se produzem. Se o erotismo está ali, é para garantir a desordem. Como os "tiques" simulados do rosto, com a ajuda dos quais Kafka criança queria "obrigar o infortúnio a se produzir". É que só o infortúnio redobrado, a vida decididamente indefensável trazem a necessidade da luta e essa angústia que dá um nó na garganta, sem a qual nem o excedente nem a graça se produziriam. Infelicidade e pecado já são a luta em si mesmos; a luta cujo sentido é a virtude não depende de nenhum resultado. Sem a angústia, a luta não seria "a única coisa a fazer", assim, é só na infelicidade que Kafka se enche "de uma alegria que transborda (sua) faculdade de gozar, ou (sua) faculdade de dom" – de uma alegria tão intensa que é dela – não da luta – que espera a *morte*.

A feliz exuberância da criança se reencontra no movimento de liberdade soberana da morte

Na coletânea publicada sob o título *La Muraille de Chine*, uma narrativa, "Enfances",[24] oferece um aspecto paradoxal da feliz exuberância de Kafka. Como em todos os momentos que sua obra descreve, nada aqui

---

impessoal – *incognoscível*. [O "outro livro" a que Bataille se refere é provavelmente o inacabado *A soberania*. (N.E.)]

[24] Tradução de J. Carrive et A. Vialatte. Paris: Gallimard, 1950, p. 67-71. [Edição brasileira: "Meninos em um caminho" de campo. In: *Contos: a colônia penal e outros*. Tradução de Torrieri Guimarães. Rio de Janeiro: Edições de Ouro, 1969.]

se liga solidamente à ordem estabelecida, às relações definíveis. Sempre um mesmo informe dilaceramento, às vezes lento e às vezes rápido, de nevoeiro no vento: nunca uma meta legível, abertamente visada, vem atribuir um sentido a uma ausência de limite tão passivamente soberana. Kafka, criança, juntava-se ao bando de seus camaradas de jogo.

"Com a cabeça abaixada", escreve ele, "penetrávamos na noite. De dia, de noite, não havia mais hora! Ora os botões de nossos coletes se entrechocavam como dentes, ora corríamos mantendo entre nós a mesma distância, a boca em fogo, como os animais dos Trópicos. Piafando e bem eretos, iguais aos couraceiros de antanho, descíamos à toda a curta ruela esbarrando uns nos outros, e o impulso nos fazia escalar um bom pedaço da ladeira oposta. Alguns isolados saltavam no fosso, mas mal desapareciam na escuridão do barranco, logo reapareciam lá no alto, no caminho que beirava os campos, encarando-nos como desconhecidos..."

Esse contrário (do mesmo modo o sol é o contrário das brumas impenetráveis, das quais, no entanto, é a verdade velada) tem talvez a virtude de iluminar essa obra aparentemente triste. O impulso sobe-rano, gritando de alegria, de sua infância se transformou na sequência num movimento que a morte absorvia. Só a morte era vasta o bastante, suficientemente esquiva à "ação-perseguindo-a-meta", para excitar ainda, dissimulando-o, o humor endiabrado de Kafka. Em outros termos, na aceitação da morte, o direito maior da ação eficaz, subor-dinada à meta, é reconhecido, mas o limite da morte lhe é dado: no interior desse limite, a atitude soberana, que não visa a nada, não quer nada, pelo tempo de um relâmpago, retoma a plenitude que o desgarre definitivo lhe devolve: quando o parapeito é transposto, o impulso é aquele da infância vagabunda. A atitude soberana é culpada, infeliz: na medida em que tenta fugir da morte, mas, no instante mesmo de morrer, sem desafio, o movimento desvairado da infância se embriaga novamente de liberdade inútil. O vivo, irredutível, recusava aquilo que a morte concede, que só ela cede, sem ter de padecer por isso, à plena autoridade da ação.

Justificação da hostilidade dos comunistas

A rigor, podemos distinguir, na obra de Kafka, o aspecto *social*, o aspecto *familiar* e *sexual,* enfim, o aspecto *religioso*. Mas essas distinções me parecem incômodas, talvez sejam superficiais: quis, no que precede, introduzir uma maneira de ver em que esses diversos aspectos se fundem num só. O caráter social das narrativas de Franz Kafka decerto só pode ser apreendido numa representação geral. Ver em *O castelo* "a epopeia do desempregado", ou "a do judeu perseguido"; em *O processo*, "a epopeia do acusado na era burocrática"; aproximar dessas narrativas obsedantes *O universo concentracionário* de David Rousset decerto não é inteiramente injustificado. Mas isso leva Carrouges, que o faz, ao exame da hostilidade comunista. "Teria sido fácil", diz-nos ele, "absolver Kafka de toda e qualquer acusação de ser contrarrevolucionário, se quisessem admitir para ele, como para outros, que se limitou a pintar o inferno capitalista."[25] Ele acrescenta: "Se a atitude de Kafka é odiosa para tantos revolucionários, não é por não colocar em causa explicitamente a burocracia e a justiça burguesa, eles remediariam isso de bom grado, o problema é que ela coloca em causa toda burocracia e toda pseudojustiça".[26] Kafka queria colocar particularmente em causa tais instituições, que deveríamos substituir por outras, menos desumanas? Carrouges escreve ainda: "Ele desaconselha a revolta? Não mais que a prega. Apenas constata o esmagamento do homem: o leitor que tire as consequências! E como não se revoltar contra o odioso poder que impede o agrimensor de se pôr ao trabalho?". Penso, pelo contrário, que em *O castelo* a própria ideia de revolta é afastada. Carrouges sabe disso, ele próprio o diz um pouco mais adiante[27]: "A única crítica que se poderia fazer [...] a Kafka seria a de que ele leva ao ceticismo em vista de qualquer ação revolucionária porque coloca problemas que não são problemas políticos e sim humanos e eternamente pós-revolucionários". Ainda seria pouco falar de ceticismo e atribuir aos problemas de Kafka algum sentido no plano onde a humanidade política age e fala.

Longe de ser inesperada, a hostilidade comunista está ligada de uma maneira essencial à compreensão de Kafka.

Irei mais longe. A atitude de Kafka diante da autoridade do pai visa à autoridade geral que decorre da *atividade eficaz*. Aparentemente, a atividade eficaz elevada ao rigor de um sistema fundado na razão como o comunismo seria a solução de todos os problemas, mas ela não pode nem condenar absolutamente nem tolerar na prática a atitude

---

[25] CARROUGES. *Franz Kafka*, p. 76.

[26] CARROUGES. *Franz Kafka*, p. 77.

[27] CARROUGES. *Franz Kafka*, p. 77-78.

propriamente soberana, em que o momento presente se desliga daqueles que seguirão. Essa dificuldade é grande para um partido que só respeita a razão, que só percebe nos valores irracionais, em que a vida luxuosa, inútil, e a infantilidade vêm à luz, o interesse particular, que se esconde. A única atitude soberana admitida no quadro do comunismo é aquela da criança, mas essa é sua forma *menor*.[28] Ela é permitida às crianças incapazes de se elevar à seriedade do adulto. O adulto, se atribui um sentido maior à infantilidade, quando se dedica à literatura com o sentimento de tocar o valor soberano, não tem lugar na sociedade comunista. Num mundo onde a individualidade burguesa está banida, o humor inexplicável, pueril, do adulto Kafka não pode ser defendido. O comunismo é em seu princípio a negação completa, o contrário da significação de Kafka.

Mas o próprio Kafka concorda

Não há nada que ele pudesse afirmar, em nome do que pudesse falar: aquilo que ele é, que não é nada, só é na medida em que a atividade eficaz o condena, ele não é mais que a recusa da atividade eficaz. É por isso que se inclina profundamente diante de uma autoridade que o nega, ainda que sua maneira de se inclinar seja mais violenta que uma afirmação gritada; ele se inclina amando, morrendo e opondo o silêncio do amor e da morte àquilo que não poderia fazê-lo ceder, pois o *nada*, que apesar do amor e da morte não poderia ceder, é *soberanamente* o que ele é.[29]

---

[28] A partir daqui o artigo em *Critique* difere bastante desta versão. Ver apêndice a este capítulo. (N.E.)

[29] Ver mais acima.

Apêndice ao capítulo sobre Kafka

Rascunho do artigo:

Joseph K e o agrimensor são seres
soberanos, incapazes de se proibir uma atitude
soberana. Não se detêm diante de nada, não
se proíbem nada. Mas o sentimento de ambos é
doloroso no que diz respeito às inevitáveis violações
a que sua soberania os arrasta. Não se
deve escrever "culpa": esse sentimento é
doloroso, difere pouco do sentimento de um culpado,
e, no entanto, à medida que se aproxima
da culpa, distingue-se dela. Não é
por si só um desafio, mas a parte de
inevitável desafio que há nele o distingue
da culpa. Decerto o
       uma curta
         biografia
– em particular, escândalo infantil diante da barba
do pai
– É vão tentar inocentar (Carrouges p. 76
 e 77)
        Tentativa de fuga[30] ou de se dispensar
        (p. 85)

primado   pois há desafio e finalmente
da imediatez

---

[30] Aqui, e na próxima ocorrência, Bataille utiliza a palavra *essai*, ensaio, tentativa. (N.T.)

– Soberania   D[iário] Í[ntimo], p. 184
em rodapé

– Recusa de combater o pai e tomar

A criança
supõe o
trabalho do pai

seu lugar, pois tomar seu lugar seria perder o caráter infantil (cf. p. 85)

menoridade espiritual em relação a Deus. Kl p. 32

há morte retorno ao pai (p. 144) mais que a sucessão. Senão seria a *loucura*.

– O que engana sobre o caráter infantil é a

cf. a.
alegria
de Nietzsche

tristeza. Na realidade, há alegria, D.Í., p. 203 e 220. cf. Carrouges, p. 109 e a questão do *Veredito*, p. 100 a 103
leitura restrita?

– Mas – o comunismo de Kafka, cf. p. 57 aqueles que leem a obra de Kafka e dela se impregnam

a que ela seduz votados a padecer a sorte de Joseph K.

fisionomia de adolescente

Assim o tema da infância
prossegue na literatura, mas
ainda é necessário precisar.
Enquanto literato, Kafka se manteve
na atitude da infância não apenas na
medida em que se dizia unicamente capaz de
literatura, o que para seu pai homem ativo
prático era uma
infantilidade, mas também em que os temas de
sua literatura *a*) prosseguiram a história
do menino ou do rapaz a que não se
podia permitir que se abandonasse a uma vã
atividade sem *utilidade* portanto
b) são eles próprios infantis na medida em que
não amarram seu sentido. Se dizem da lit. de
Kafka que ela é absurda...

O essencial, o capricho, que só ele
é soberano, contra o trabalho, a eficácia, mas,
como escreveu Blanchot, mesmo absoluta, a
arte é sem direito contra a ação

Ninguém mais do que Kafka, nem mais claramente, manifestou a impotência do soberano.
Sua nostalgia
é de pertencer a um mundo cuja soberania
dada de fora seria incontestável, incontes-
tada e poderosa.
questão da passagem sobre Moisés: remeter à obra
fuga da esfera paterna
é a manutenção da infantilidade
o que há de infantil no mundo
intelectual, de insustentável.
pode ser que isso constitua o humano.
a ação determina o infantil
o facecioso, o riso
Kafka faz da infantilidade
uma interrogação maior e
manifesta o caráter infantil
de tudo o que é humano fora da ação.
mas a ação supõe o possível
é nos limites do possível que ela
não é o *impossível*. A criança
supõe o trabalho do pai.

fuga da esfera paterna

é sempre a ação

o que é curioso é que no fim Kafka
morre. Pois aquele que é contra a ação sabe que
está errado e que será vencido. Anula-se, retorna
a nada, não sem ter lutado.
é então que a questão se forma
a obra de Kafka não teria um sentido
profético?

Naturalmente, do ponto de vista dos comunistas
a obra é má. Se é inoportuno
talvez chegar ao ponto de queimá-la, ao menos
é melhor reduzir sua leitura. Mas enfim
ela tem esse sentido: aqueles que a leem
que ela seduz, que são irredutíveis ao
comunismo não são votados por ela
a padecer a sorte de Joseph K.

abandono da generalidade

O pensamento de Kafka se exprime numa espécie
de desmontagem de seu objeto, que é ao mesmo
tempo desmontagem
de si próprio como máquina de desmontar
o objeto.
Ele se desaparafusa, é o contrário de um discurso
cuja coerência é ela própria o primeiro objeto.
Assemelha-se a uma multidão em que cada indivíduo subiria febrilmente nos ombros de um
outro,
e assim indefinidamente, não evidentemente
para erguer alguma bela pirâmide mas num
movimento de fuga e como para chegar o mais
rápido possível ao momento em que o equilíbrio
se perdendo a andaimaria insensata desabará.

Num sentido bastante preciso (limitado),
a fala de Georg Bendemann
ao morrer se endereça à impessoalidade
do mundo da ação, no entanto objeto
da agressividade primeira (da soberania).
Antes disso o texto do prefácio ao D.Í.
Antes disso o texto sobre Moisés
O princípio da compreensão
dos interditos é um sentimento de impotência
última (que se opõe em N[ietzsche] à
própria vont[ade] de pot[ência]).

A soberania: "A partir de certo ponto não há mais retorno. É esse ponto que é preciso atingir" p. 248. D.Í. Considerações. 5.

"Tentativa de fuga da esfera paterna."
"Seria então à morte que eu me confiaria. Resto de uma crença. Retorno ao pai. Grande dia de reconciliação." D.Í., p. 184
A soberania: D.Í., p. 184 mais abaixo
Não é Nietzsche que explica Kafka, é antes o inverso.
O veredito é a mesma coisa, mas em relação ao pai.   O JÚBILO. cf Nietzsche
A ALEGRIA
Entretanto, há essa lógica, a soberania é a particularidade, a particularidade é a culpabilidade (a autobiografia). A particularidade é a obrigação de ter poder e de abandonar por ele a soberania, mas sem poder, é preciso abandonar a particularidade. Há a morte do indivíduo e a morte simplesmente.

Final do artigo na revista Critique:

Assim, até nova ordem, o comunismo admite a *atitude soberana* da criança como uma forma menor, evidentemente intolerável no adulto, no qual é vista como a sobrevivência de uma particularidade burguesa e desprezível.

Num mundo socialista, essa particularidade deve ser suprimida. É portanto necessário definir uma incompatibilidade última entre o humor pueril e indefensável, em que Kafka, escritor adulto, fundou sua particularidade, e a razão comunista. Seria preciso afirmar sem reticências: o comunismo é por essência uma negação consumada, um contrário de Kafka.

Mas (de maneira alguma esse *mas* estúpido poderia ser afastado) o próprio Kafka reconhece essa negação, *é* essa negação. Não foi o acaso que levou comunistas a retomarem um projeto do próprio Kafka, que foi o primeiro a falar de queimar sua obra. Se me compreenderam bem, verão em minha afirmação outra coisa além de uma ironia das mais cômicas. Importa pouco, do ponto de vista que introduzo, saber se os comunistas têm ou não razão, mas não se poderia agora colocar o problema da soberania sem colocar esses dois termos perfeitamente opostos: Kafka (uma denegação da terra prometida, que, para negar mais inteiramente, confessa que está errada) e o comunismo (a vontade rigorosa de tudo subordinar a sua conquista).

Essas proposições, aliás, são menos paradoxais do que parece: ver-se-á no final que, no conjunto, os problemas religiosos convergem para aquele do momento soberano, do qual, aliás, também procedem. Seja como for, quando se quer, como Carrouges tentou, situar Kafka no plano religioso, é inútil – e forçado – reconduzi-lo às preocupações ordinariamente definidas sob esse nome. Em seu princípio, o esforço de Carrouges é inevitável. Carrouges o continua, ele será prosseguido. Quem negaria um caráter essencialmente religioso da obra de Kafka? Mas nada é possível senão sob esta condição: transpor os problemas em termos absolutamente novos.

Genet[1]

---

[1] Retomada do artigo "Jean-Paul Sartre et l'impossible révolte de Jean Genet" [Jean-Paul Sartre e a impossível revolta de Jean Genet], publicado em duas partes nos números 65-66 (out.-nov. 1952) da revista *Critique*. (N.E.)

Genet e o estudo de Sartre sobre ele

"Um menino abandonado, desde a mais tenra idade, dá provas de maus instintos, rouba os pobres camponeses que o adotaram. Repreendido, persevera, foge do reformatório onde se fez necessário colocá-lo, rouba e pilha ainda mais e, de quebra, se prostitui. Vive na miséria, de mendigar e cometer pequenos furtos, trepando com todo mundo e traindo cada um, mas nada pode desencorajar seu zelo: é o momento que ele escolhe para se dedicar deliberadamente ao mal; decide que fará o pior em todas as circunstâncias e, como se deu conta de que o pior delito não era fazer mal e sim manifestá-lo, escreve na prisão livros que fazem a apologia do mal e constituem infrações à lei. Precisamente por isso, ele vai sair da abjeção, da miséria, da prisão. Imprimem seus livros, leem-nos, um diretor condecorado com a Legião de Honra monta em seu teatro uma de suas peças, que incita ao assassinato.[2] O presidente da República assina a remissão da pena que ele devia cumprir por seus últimos delitos, justamente porque ele se gaba em seus livros de tê-los cometido; e quando lhe apresentam uma de suas últimas vítimas, ela lhe diz: 'Muito honrado, senhor. Por favor, continue assim'.[3]

---

[2] Louis Jouvet, que montou *Les Bonnes* (As criadas) em 1947 no Théâtre de l'Athénée. (N.E.)

[3] SARTRE, Jean-Paul. *Saint Genet, comédien et martyr*. Paris: Gallimard, 1952. p. 253. [Edição brasileira: *Saint Genet: ator e mártir*. Tradução de Lucy Magalhães. Petrópolis: Vozes, 2002.] (Œuvres complètes de Jean Genet, t. I). Sartre introduz

Sartre prossegue: "Taxareis essa história de inverossímil: no entanto, foi o que aconteceu com Genet".

Nada mais espantoso, de fato, que a pessoa e a obra do autor do *Diário de um ladrão*. Jean-Paul Sartre consagra-lhe hoje um longuíssimo trabalho, e direi sem hesitar que há poucos mais dignos de interesse. Tudo concorre para fazer desse livro um monumento: sua extensão, em primeiro lugar, e a excessiva inteligência que o autor demonstra nele, a novidade e o interesse assombroso do assunto, mas também a agressividade que sufoca e o movimento precipitado que a repetição contínua acentua, que por vezes torna penosa sua segurança. Ao final, o livro deixa um sentimento de desastre confuso e de engodo universal, mas ele ilumina a situação do homem atual, recusando tudo, revoltado, fora de si.[4]

Seguro de uma dominação intelectual cujo exercício, num tempo de decomposição e expectativa, faz pouco sentido, mesmo a seus olhos, Sartre, oferecendo-nos *Saint Genet*, acaba enfim de escrever o livro que o exprime. Seus defeitos nunca foram mais marcados: ele nunca soletrou seu pensamento mais longamente, nunca se quis mais fechado àqueles arrebatamentos discretos, propiciados pela chance, que atravessam a vida e a iluminam furtivamente: o *parti pris* de pintar o horror com complacência denuncia esse humor. A repetição contínua é, em parte, o efeito de um procedimento que afasta das vias normais. Imagino, por outro lado, injustificada a rigidez que inibe os momentos ingênuos de felicidade, mas aquele que a ingenuidade limita está do lado oposto do *despertar*. Nesse sentido, ainda que eu me espante por vezes, mesmo rindo, não me recuso ao contágio de exigências amargas, que liberam o espírito da tentação do repouso. Finalmente, não há nada que eu admire mais, nos desenvolvimentos de *Saint Genet*, que uma fúria de "nulidade", de negação dos valores mais atraentes, à qual a pintura incessantemente renovada da abjeção confere uma espécie de

---

com as seguintes palavras essa espécie de biografia resumida: "Eis aqui um conto para uma antologia de Humor negro".

[4] Aqui havia esta nota de rodapé em *Critique*: "Nesse sentido, ele completa o quadro oferecido em *L'Homme révolté* [1951], de Camus [Edição brasileira: *O homem revoltado*. Tradução de Valerie Rumjanek. Rio de Janeiro: Record, 1996.]. Ambos os livros consideram o esforço do homem atual para sobreviver à servidão moral que a sociedade moderna lhe propõe. Mas *O homem revoltado* não tem a desenvoltura de *Saint Genet*". (N.E.)

acabamento. Mesmo da parte de Jean Genet, quando fala do prazer que encontrou nelas, o relato dessas conspurcações gera confusão, mas da parte de um filósofo?... Trata-se, parece-me – e ao menos em parte é verdade –, de virar as costas para o possível e de se abrir ao impossível sem prazer.

Não vejo apenas nesse interminável estudo um dos livros mais ricos desse tempo, mas também a obra-prima de Sartre, que nunca escreveu algo tão saliente, nada que escapasse com tanta força ao atolamento ordinário do pensamento. Os livros monstruosos de Jean Genet foram um ponto de partida favorável: eles lhe permitiram utilizar plenamente um valor de choque e uma turbulência cujo resultado lhe é proporcional. Através do objeto de seu estudo, ele soube pôr em jogo o mais candente. Isso tinha de ser dito, pois *Saint Genet* está longe de se apresentar como a obra importante de um filósofo. Sartre falou dele de tal maneira que teríamos o direito de nos enganar. Genet, diz ele,[5] "permitiu que publicassem suas obras completas para o grande público com um prefácio biográfico e crítico como se fez com Pascal e Voltaire na coleção dos Grandes Escritores Franceses"... Não me deterei na intenção que Sartre teve de colocar no pedestal um escritor que, por ser singular, sem dúvida dotado, humanamente angustiante, nem por isso deixa de estar longe de ser aos olhos de todos igual aos maiores[6]: Genet talvez seja a vítima de uma enfatuação; despojado do halo de que o cerca um esnobismo literário, Genet sozinho é mais digno de interesse. Não insistirei. Seria de qualquer modo injustificado ver, no volumoso estudo de Sartre, um simples prefácio. Mesmo supondo que não tenha respondido a uma intenção mais longínqua, esse trabalho literário não deixa de ser a investigação mais livre, mais aventurosa, que um filósofo já dedicou ao problema do Mal.

---

[5] SARTRE. *Saint Genet, comédien et martyr*, p. 528.

[6] Nota em *Critique*: "Não é por acaso que aqueles de meus amigos em cujo julgamento mais confio têm a mesma reação que eu. Sartre pensa que, se François Mauriac falou hostilmente de Genet, foi porque Genet é um grande escritor, coisa que Mauriac não é. Isso mostra apenas que Sartre, por vezes, responde à preocupação de ferir, não àquela de ver. Se Mauriac falou contra Genet, é porque o próprio sentido de Genet está ligado ao fato de ter Mauriac contra ele. Se Mauriac tivesse simplesmente se calado, isso significaria que Genet não tinha conseguido fazê-lo falar, protestar, como teve a intenção implicitamente de fazer. O gosto literário não está em causa. Aqueles de meus amigos a que faço alusão não têm as mesmas razões que Mauriac para julgar mal". (N.E.)

A consagração sem reserva ao Mal

Isso se deve, em primeiro lugar (mas não só a isso), à experiência de Jean Genet, que é sua base. Jean Genet se propôs a buscar o Mal como outros se propuseram a buscar o Bem. Está aí uma experiência cuja absurdez é sensível à primeira vista. Sartre marcou bem isso; buscamos o Mal na medida em que o tomamos pelo Bem. Fatalmente, semelhante busca é frustrada ou vira farsa. Mas não é por estar condenada ao fracasso que ela perde seu interesse.

É, em primeiro lugar, a forma da revolta naquele que a sociedade excluiu. Abandonado por sua mãe, criado pela Assistência Pública, Jean Genet teve tanto menos chance de se integrar à comunidade moral por ter o dom da inteligência. Roubou, e a prisão, inicialmente a casa de correção, tornou-se sua sina. Mas os excluídos de uma sociedade justiceira, se não têm "os meios para derrubar a ordem existente [...], não concebem outras" e nada admiram tanto quanto "os valores, a cultura e os costumes das castas privilegiadas [...]: simplesmente, em vez de carregar envergonhadamente sua marca de infâmia, ornam-se dela com orgulho". "Preto sujo, diz um poeta negro. Pois bem! Sim, sou um preto sujo e prefiro minha negritude à brancura de sua pele."[7] Sartre vê nessa reação primeira o "estágio ético da revolta":[8] ela se limita à "dignidade". Mas a *dignidade* de que se trata é o oposto da dignidade comum, a dignidade de Jean Genet é a "reivindicação do Mal". Ele não poderia dizer, portanto, com a colérica simplicidade de Sartre, "nossa abjeta sociedade". Para ele, a sociedade não é *abjeta*. Pode-se qualificá-la dessa maneira se colocamos um desprezo justificável acima da preocupação com a precisão; do homem mais limpinho e elegante, posso sempre me dizer: "é um saco cheio de excrementos", e, se não fosse impotente para tanto, a sociedade rejeitaria aquilo que é abjeto a seus olhos. Para Genet, não é a sociedade que é abjeta, é ele próprio: ele definiria justamente a abjeção como *aquilo que ele é,* como aquilo que ele é passiva – senão orgulhosamente. Além do mais, a abjeção de que a sociedade é acusada é pouca coisa, sendo obra de homens, superficialmente corrompidos, cujas ações têm sempre um "conteúdo positivo". Se esses homens

---

[7] SARTRE. *Saint Genet, comédien et martyr*, p. 59-60.

[8] SARTRE. *Saint Genet, comédien et martyr*, p. 60.

tivessem sabido chegar aos mesmos fins pelos meios honestos, eles os teriam preferido: Genet quer a abjeção, mesmo que ela só traga o sofrimento, ele a quer por si mesma, para além das comodidades que encontra nela, ele a quer por uma propensão vertiginosa à abjeção, na qual ele não se perde menos inteiramente que o místico em Deus no seu êxtase.

A soberania e a santidade do Mal

A aproximação pode ser inesperada, mas ela se impõe de tal maneira que Sartre, citando uma frase de Genet, exclama[9]: "Não parecem as queixas de um místico nos momentos de secura?". Isso corresponde à aspiração fundamental de Genet à santidade, palavra de que diz, misturando ao gosto pelo sagrado o gosto pelo escândalo, que ela é "a mais bela da língua francesa". Isso esclarece o título que Sartre dá a seu livro: "*Saint" Genet*. O *parti pris* do Mal supremo ligou-se de fato àquele do Bem supremo, um e outro ligados pelo rigor a que o outro pretende. Mas não podemos nos enganar diante do enunciado desse rigor; a dignidade ou a *santidade* de Jean Genet jamais tiveram outro sentido: a abjeção é seu único caminho. Essa santidade é a santidade de um palhaço, maquiado como uma mulher, encantado em ser um objeto de derrisão. Genet representou a si mesmo miserável, de peruca, prostituindo-se, cercado de comparsas parecidos com ele e ornado com um colar de baronesa de pérolas falsas. O colar cai, as pérolas se espalham, ele tira da boca uma dentadura, coloca-a sobre a cabeça e exclama, com os lábios para dentro: "Pois bem, madames! Eu serei rainha mesmo assim!".[10] É que a pretensão a uma horrível santidade se liga ao gosto por uma *soberania irrisória*. Essa vontade exasperada do Mal se demonstra revelando a profunda significação do sagrado, que encontra seu ápice no movimento de inversão. Há uma vertigem e uma ascese nesse horror que o próprio Genet tentou exprimir: "Culafroy e Divine, de gostos delicados, serão sempre obrigados a amar aquilo que lhes repugna, e isso constitui um pouco de sua santidade, pois se

---

[9] SARTRE. *Saint Genet, comédien et martyr*, p. 108.

[10] GENET, Jean. *Notre-Dame-des-Fleurs. Œuvres complètes,* t. II. [Edição brasileira: *Nossa Senhora das Flores*. Tradução de Newton Goldman. Rio de Janeiro: Nova Fronteira, 1982.] Sartre analisa longamente essa espécie de coroamento.

trata de renúncia".[11] O anseio pela soberania, o anseio de ser soberano, de amar aquilo que é soberano, de tocá-lo e de se impregnar dele enfeitiça Genet.

Essa soberania elementar tem aspectos variados e enganosos. Sartre oferece dela um lado grandioso, opondo-se assim ao pudor de Genet, que, não sendo senão o avesso do pudor, é, no entanto, o próprio pudor. "A experiência do Mal", diz Sartre, "é um *cogito* principesco que descobre à consciência sua singularidade em face do Ser. Quero ser um monstro, um furacão, tudo o que é humano me é estranho, transgrido todas as leis que os homens estabeleceram, piso em todos os valores, nada do que é pode me definir ou me limitar; no entanto, existo, serei o sopro gelado que aniquilará toda vida."[12] Isso soa oco? Sem dúvida! mas não pode ser separado do sabor mais forte, e mais sujo, que Genet lhe dá: "Tinha 16 anos... no meu coração, não conservava nenhum lugar onde pudesse se alojar o sentimento de minha inocência. Reconhecia-me o covarde, o traidor, o ladrão, a bicha que viam em mim... E tinha o estupor de me saber composto de imundices. Tornei-me abjeto".[13] Sartre viu e compreendeu esse caráter régio inerente à pessoa de Jean Genet. Se, diz Sartre, "ele compara com tanta frequência a prisão a um palácio é porque se vê como um monarca pensativo e temido, separado de seus súditos, como tantos soberanos arcaicos, por muralhas intransponíveis, por tabus, pela ambivalência do sagrado".[14] A imprecisão, a negligência e a ironia dessa aproximação correspondem à indiferença de Sartre para com o problema da soberania.[15] Mas Genet, que se liga à negação de todo valor, não deixa de estar enfeitiçado pelo valor supremo, por aquilo que é santo, soberano, divino. No sentido simples da palavra, talvez ele não seja sincero – sincero ele nunca é,

---

[11] GENET. *Notre-Dame-des-Fleurs*, p. 79.

[12] SARTRE. *Saint Genet, comédien et martyr*, p. 221.

[13] Citado por SARTRE. *Saint Genet, comédien et martyr*, p. 79.

[14] SARTRE. *Saint Genet, comédien et martyr*, p. 343.

[15] A soberania o excita menos que a santidade cujo odor ele liga ao dos excrementos. Vê sua ambivalência, mas engloba-a na aversão que lhe inspiram, "digam o que disserem", as matérias fecais. Ele chega a falar da soberania em termos incontestáveis. "Se o criminoso", diz ele (p. 223), "tem a cabeça sólida, há de querer até o fim permanecer mau. Isso quer dizer que construirá um sistema para justificar a violência: só que assim esta perderá sua soberania". Mas não se preocupa com o problema da soberania (que cada um, por sua conta, deve atingir), colocado por todo e qualquer homem.

nunca consegue sê-lo –, mas está obsedado se diz o camburão de polícia revestido de um "encanto de infortúnio altaneiro", de "infortúnio régio", se vê nele "um vagão carregado de grandeza, fugindo lentamente quando (o) transportava, entre as fileiras de um povo curvado de respeito".[16] A fatalidade da ironia – mas, essa ironia, Genet a *padeceu* mais do que a *quis* – não impede que se veja a ligação trágica entre a punição e a soberania: Genet só pode ser soberano no Mal, a própria soberania talvez seja o Mal, e o Mal nunca é mais seguramente o Mal do que quando punido. Mas o roubo tem pouco prestígio ao lado do assassinato, e a prisão ao lado do cadafalso. A verdadeira realeza do crime é aquela do assassino executado. A imaginação de Genet se esforça por magnificá-la de uma maneira que poderia parecer arbitrária, mas se, na prisão, ele enfrenta a punição da masmorra e exclama: "vivo a cavalo [...], entro na vida dos outros como um grande de Espanha na cátedra de Sevilha",[17] sua bravata é frágil e muito significativa. Sua tristeza, se a morte está em jogo de todos os lados, se o criminoso a deu e espera recebê-la, confere à soberania que ele imagina uma plenitude; decerto, é ainda um engodo, mas, para além de um *dado* sem encanto e sem felicidade, o mundo do homem não é inteiramente o efeito de uma imaginação, de uma ficção? Efeito frequentemente maravilhoso, mais frequentemente ainda angustiante. Socialmente, a magnificência de Harcamone em sua cela, mais sutil, é menos imponente que a de Luís XVI em Versalhes, mas está fundada da mesma maneira. A pompa verbal, de que Genet raramente prescinde, está, apesar de tudo, coberta com um véu de gravidade quando evoca Harcamone, na sombra da masmorra, "igual a um Dalai-Lama invisível"...[18] Quem evitaria o mal-estar trazido por essa pequena frase, alegoria da execução do

---

[16] GENET, Jean. *Miracle de la rose.* In: *Œuvres complètes,* II, p. 190-191. [Edição brasileira: *O milagre da rosa.* Tradução de Manoel Paulo Ferreira. Rio de Janeiro: Nova Fronteira, 1984.]

[17] GENET. *Miracle de la rose,* p. 212.

[18] Coberta com um véu de gravidade... mas sempre pomposa. Eis o conjunto da frase: "Era no fundo dessa cela, onde o imagino igual ao Dalai-Lama invisível, poderoso e presente, que ele emitia sobre todo o presídio aquelas ordens de tristeza e de alegria misturadas. Era um ator que sustentava sobre seus ombros o fardo de tamanha obra-prima que se escutavam rangidos. Fibras se rasgavam. Meu êxtase era percorrido por um leve estremecimento, uma espécie de frequência ondulatória que era meu temor e minha admiração alternados e simultâneos." (GENET. *Miracle de la rose,* p. 217).

assassino: "Embandeiravam-na [a cela de Harcamone] de preto mais que a uma capital cujo rei acaba de ser assassinado".[19]

Não menos que a da santidade, essa obsessão pela dignidade régia é um *leitmotiv* da obra de Genet. Multiplicarei os exemplos. De um "colono" da casa de correção de Mettray, Genet escreve: "Ele dizia uma só palavra que o despia de seu estado de colono, mas o vestia de ouropéis magníficos. Era um rei".[20] Em outro livro,[21] fala "dos rapazes que bebem como cavalos e sobre a cabeça dos quais, numa auréola, daria para ver uma coroa real". De Mignon les Petits-Pieds,[22] que vende seus amigos, escreve[23]: "As pessoas que ele cruza [...] sem o conhecerem [...] atribuem uma espécie de soberania descontínua e momentânea a esse desconhecido, de quem todos esses fragmentos de soberania acabarão fazendo com que, no fim de seus dias, tenha percorrido a vida como soberano". Stilitano, a quem, um dia em que um piolho subia em seu colo, outro dizia: "estou vendo um belo que te escala", é rei, ele também, é um "monarca suburbano".[24] Entre todos, Métayer, colono de Mettray, "era régio por conta da ideia soberana que fazia de sua pessoa".[25] Dezoito anos, feio, coberto de abcessos vermelhos, Métayer dizia "aos mais atentos, e sobretudo a mim, que era descendente dos reis de França". "Ninguém", acrescenta Genet, "estudou a ideia de realeza entre as crianças. Devo dizer, no entanto, que não há um moleque que, tendo batido os olhos na *História da França* de Lavisse ou de Bayet, ou em qualquer outra, não tenha se acreditado delfim ou algum príncipe de sangue. A lenda de Luís XVII evadido de uma prisão forneceu sobretudo pretexto a esses devaneios. Métayer devia ter passado por aí." Mas a história de Métayer teria pouco a ver com a realeza dos criminosos se ele não tivesse sido acusado, talvez por

---

[19] GENET. *Miracle de la rose*, p. 390.

[20] GENET. *Miracle de la rose*, p. 329.

[21] GENET. *Notre-Dame-des-Fleurs*, p. 143.

[22] Traduzido, o nome desse personagem daria algo como "Fofo de pezinhos pequenos". (N.T.)

[23] GENET. *Notre-Dame-des-Fleurs*, p. 141.

[24] GENET, Jean. *Journal du voleur*. Paris: Gallimard, 1951. In-16, p. 378. [Edição brasileira: *Diário de um ladrão*. Tradução de Jacqueline Laurence e Roberto Lacerda. Rio de Janeiro: Nova Fronteira, 2005.]

[25] GENET. *Miracle de la rose*, p. 349-350.

engano, de dedurar uma fuga. "Verdadeira ou falsa", diz Genet, "uma acusação desse tipo era terrível. Punia-se cruelmente com base em simples suspeitas. Executava-se. O príncipe real foi executado. Trinta moleques mais encarniçados sobre ele que as Tricotadeiras[26] sobre seu ancestral o cercavam, urrando. Num desses buracos de silêncio, como aqueles que se formam por vezes no meio de um tornado, escutamo-lo murmurar: – Fizeram isso também com Cristo. Ele não chorou, mas foi naquele trono revestido de tão súbita majestade que escutou talvez o próprio Deus lhe dizer: 'Serás rei, mas a coroa que cingirá tua cabeça será de ferro rubro'. *Eu o vi.*[27] Eu o amei." A paixão, afetada, mas verdadeira, de Genet une na mesma luz, e na mesma mentira, essa realeza de comédia (ou de tragédia) àquela da rainha Divine, coroada por uma dentadura. Nem mesmo a polícia escapa de ser ornada com essa dignidade sinistra e soberana pelo misticismo desviado de Genet: a polícia, "organização demoníaca, tão repugnante quanto os ritos fúnebres, os ornamentos funerários, tão prestigiosa quanto a glória régia".[28]

O deslize para a traição e para o Mal sórdido

A chave dessas atitudes *arcaicas* (arcaicas, elas o são, mas na medida em que o passado, morto em aparência, está mais vivo que a aparência atual), nós a encontramos nessa parte, a mais tortuosa, do *Diário de um ladrão*, em que o autor falou de uma relação amorosa que teve com um inspetor de polícia. ("Um dia", diz Genet,[29] "ele me pediu para lhe 'dar' alguns de meus camaradas. Aceitando fazê-lo, sabia estar tornando mais profundo meu amor por ele, mas não sabereis mais sobre esse assunto." Sobre esse ponto, Sartre não quis deixar dúvidas: Genet ama a traição, vê na traição o *melhor* e o *pior* de si mesmo.) Uma conversa de Genet com Bernardini, seu amante, ilumina o fundo do problema. "Bernard", diz ele, "conhecia minha vida, pela qual nunca me censurou. Uma vez, no entanto, tentou se justificar por ser tira, falou-me de moral.

---

[26] Referência às *tricoteuses* da Revolução Francesa. Mulheres pagas para assistirem aos julgamentos e às execuções na guilhotina e que costumavam fazê-lo tricotando (mas também xingando e urrando encarniçadamente). (N.T.)

[27] Sublinhado por Genet.

[28] GENET. *Journal du voleur*, p. 200-201.

[29] GENET. *Journal du voleur*, p. 207-208.

Do estrito ponto de vista da estética considerando um ato, não podia entendê-lo. A boa vontade dos moralistas se quebra contra aquilo que chamam minha má-fé (Genet alude talvez a conversas que teve com Sartre, seu amigo). Se podem me provar que um ato é detestável pelo mal que ele faz, só eu posso decidir, pelo canto que ele suscita em mim, quanto à sua beleza, quanto à sua elegância; só eu posso recusá-lo ou aceitá-lo. Não me trarão de volta para o caminho certo. No máximo, poderiam empreender minha reeducação artística, sob o risco, no entanto, para o educador, de se deixar convencer e ganhar por minha causa, se a beleza é provada por, de duas personalidades, a *soberana*."[30] Genet não hesita sobre a autoridade diante da qual se inclinar. Sabe a si mesmo soberano. Essa soberania de que goza não poderia ser buscada (não pode resultar do esforço), ela é, como a graça, revelada. Genet a reconhece pelo canto que ela suscita. A beleza que suscita um canto é a infração à lei, a infração ao interdito, que é também a essência da soberania. A soberania é o poder de se elevar, na indiferença à morte, acima das leis que garantem a manutenção da vida. Ela só difere da santidade em aparência, o santo sendo aquele que atrai a morte, enquanto o rei a atrai acima dele. Aliás, nunca devemos esquecer que o sentido da palavra "santo" é "sagrado", e que sagrado designa o interdito, aquilo que é violento, aquilo que é perigoso, e cujo simples contato anuncia o aniquilamento: é o Mal. Genet não ignora que tem da santidade uma representação invertida, mas sabe-a mais verdadeira que a outra: esse domínio é aquele onde os contrários se abismam e se conjugam. Só esses abismos, só essas conjugações, oferecem-nos sua verdade. A santidade de Genet é a mais profunda, ela que introduz o Mal, o "sagrado", o interdito na terra. Uma exigência soberana nele o deixa à mercê de tudo aquilo que revela uma força divina acima das leis. De certa forma, em estado de graça, ele entra assim nos caminhos árduos para os quais o conduzem seu "coração e a santidade". "As vias da santidade", diz ele, "são estreitas, o que quer dizer que é impossível evitá-las e, quando, por infortúnio, entra-se nelas, também é impossível virar-se e voltar atrás. É-se santo pela força das coisas que é a força de Deus!"[31] A "moral" de Genet deriva do sentimento de fulguração, de contato sagrado, que o Mal lhe dá. Ele vive enfeitiçado, na fascinação

---

[30] Sublinhado por mim.

[31] GENET. *Miracle de la rose,* p. 376.

da ruína que resulta dele; nada compensaria a seus olhos essa soberania, ou essa santidade, que irradia dele mesmo ou dos outros. O princípio da moral clássica está ligado à *duração* do ser. O da soberania (ou da santidade) ao ser cuja beleza é feita de indiferença à duração, e até de atração pela morte.

Não é fácil pegar em falta essa posição paradoxal.

Ele ama a morte, ama a punição e a ruína... Ama esses delinquentes soberanos aos quais se entrega, gozando de sua covardia. "O rosto de Armand era falso, dissimulado, mau, velhaco, brutal... Era um bruto... Ria pouco e sem franqueza... Nele mesmo, em seus órgãos que eu imaginava elementares mas de tecidos sólidos e tonalidades matizadas muito belas, em tripas quentes e generosas, acho que ele elaborava sua vontade de impor, de aplicar, de torná-los visíveis, a hipocrisia, a imbecilidade, a maldade, a crueldade, o servilismo e de obter sobre sua pessoa inteira o mais obsceno êxito." Essa figura detestável talvez tenha fascinado Genet mais que qualquer outra. "Armand pouco a pouco se tornava", diz ele, "a Onipotência em matéria de moral."[32] Robert diz a Genet, que se prostituía com velhinhos e os roubava: "Tu chama isso de trampo?... Atacar velhinhos que só ficam de pé graças a seus colarinhos falsos e a suas bengalas". Mas quem responde é Armand, causando, "em matéria de moral, uma das revoluções mais ousadas". "E eu, o que é que tu acha? disse Armand. Quando é útil, eu, tá me escutando, não é nem aos velhos que ataco e sim às velhas. Não é aos homens é às mulheres. E escolho as mais fracas. O que preciso é de dinheiro. O belo trampo é se dar bem. Quando tu tiver entendido que não é na ordem de cavalaria que a gente trabalha, já vai ser um grande passo."[33] Tendo o apoio de Armand, "o código de honra particular aos delinquentes [...] pareceu risível" a Jean Genet. Um dia, essa "vontade liberada da moral pela reflexão e pela atitude de Armand", ele a aplicará em sua maneira de "considerar a polícia": ele mergulhará na santidade e na soberania, não haverá mais abjeção, nem mesmo na traição, que não lhe dê, numa comoção vertiginosa, uma majestade angustiante.

Há, assim, um mal-entendido: a seu modo, Armand é de fato soberano; ele demonstra pela beleza o valor de sua atitude. Mas a beleza de Armand reside no desprezo pela beleza, na preferência pelo útil,

---

[32] GENET. *Journal du voleur*, p. 199.

[33] GENET. *Journal du voleur*, p. 198.

sua soberania é um servilismo profundo: uma rigorosa submissão ao interesse. Isso se opõe em primeiro lugar à divindade menos paradoxal de Harcamone, cujos crimes, em medida alguma, têm o interesse por motivo (o segundo mesmo, o assassinato de um guarda na prisão, só tem como sentido aparente a vertigem do castigo). Mas a atitude de Armand tem uma virtude que os assassinatos de Harcamone não têm, ela é imperdoável, nada redime sua ignomínia. O próprio Armand recusaria o menor valor a seus atos fora do motivo mais baixo, do dinheiro: é por isso que Genet confere à sua pessoa o valor incomparável e a soberania autêntica. Isso supõe dois personagens – ou ao menos dois pontos de vista opostos. Genet exige o Mal aprofundado, radicalmente oposto ao Bem, esse Mal perfeito que é a beleza perfeita: Harcamone deve frustrá-lo relativamente; Armand é, no fim das contas, mais alheio aos sentimentos humanos, mais sórdido e mais belo. Armand não é mais que um calculador exato, não é um covarde, mas recorre à covardia porque ela compensa. A covardia de Armand seria uma estética que se dissimula, teria ele pela covardia uma preferência desinteressada? Nesse caso, ele estaria em falta para consigo mesmo. Só Genet, que o contempla, pode considerar sua covardia do ponto de vista de sua estética. Genet se extasia diante dele como diante de uma obra de arte admirável: cessaria, no entanto, de admirar assim que percebesse nele a consciência de ser uma obra de arte. Armand ganhou a admiração de Genet por ter afastado de si qualquer possiblidade de admiração: Genet mesmo ficaria humilhado diante dele se lhe confessasse seu estetismo.

O impasse de uma transgressão ilimitada

Sartre trouxe à luz o fato de que, buscando obstinadamente o Mal, Genet se meteu num impasse. Nesse impasse, parece que ele encontrou, sob a espécie da *fascinação por Armand*, a posição menos sustentável, mas de qualquer modo está claro que ele queria o impossível. Uma miséria certa resultou, para Genet, da soberania maior que, aparentemente, o menos soberano de seus amantes teve a seus olhos; o que Sartre representou com acerto[34]: "O mau deve querer o Mal pelo Mal, e [...] é em seu horror pelo Mal que ele deve descobrir o atrativo do Pecado" (essa é a noção do Mal radical que, segundo Sartre, as "pessoas de bem" fabricaram). Mas se o Mau "não tem horror algum ao Mal, se ele o faz por paixão,

---

[34] SARTRE. *Saint Genet, comédien et martyr*, p. 148.

então [...] o Mal se torna um Bem. Por isso, aquele que ama o sangue e o estupro, como o açougueiro de Hanôver,[35] é um louco criminoso, mas não um verdadeiro mau". Pessoalmente, duvido de que o sangue teria para o açougueiro o mesmo sabor se não fosse aquele do crime, que a lei primeira proíbe, que opõe a humanidade que observa leis ao animal que ignora qualquer lei. Admito que, para Genet, seus delitos tenham se afirmado livremente "contra sua sensibilidade", apenas pelo atrativo do Pecado. Sobre esse ponto, e sobre outros, não é fácil chegar a uma decisão, mas Sartre o faz. Genet sentiu essa vertigem do interdito, familiar e elementar, fechada, para dizer a verdade, ao pensamento moderno: foi por isso que ele teve de "haurir suas razões (para fazer mal) no horror que a (má ação) lhe (inspirava) e em seu amor original pelo Bem". Isso não tem a absurdez que Sartre lhe atribui: não é necessário permanecer nessa representação abstrata. Posso partir de uma realidade comum, o interdito da nudez, que organiza hoje a vida social. Mesmo se um de nós não presta atenção a essa decência, que para a maioria tem o sentido do Bem, o desnudamento de uma parceira excita nele o impulso sexual: a partir de então, o Bem que a decência é torna-se a razão que ele tem de fazer o Mal: uma primeira violação da regra o incita por um efeito de contágio a violar ainda mais a regra. Esse interdito a que obedecemos – ao menos passivamente – não opõe mais que um leve obstáculo a uma vontade de Mal menor que é eventualmente o desnudamento de um outro ou de uma outra: a partir daí o Bem que a decência é torna-se justamente (o que o autor de *O Ser e o Nada* julga absurdo) a própria razão que temos para fazer o Mal. Esse exemplo não pode ser dado como uma exceção, e mesmo, pelo contrário, parece-me que, em geral, a questão do Bem e do Mal gira em torno do tema fundamental da *irregularidade*, para retomar um nome que Sade lhe deu. Sade viu bem que a irregularidade era a base da excitação sexual. A lei (a regra) é boa, ela é o próprio Bem (o Bem, o meio pelo qual o ser garante sua duração), mas um valor, o Mal, decorre da possibilidade de infringir a regra. A infração apavora – como a morte; ela atrai, no entanto, como se o ser só se apegasse à duração por fraqueza, como se a exuberância solicitasse, ao contrário, um desprezo pela morte exigido desde que a regra é rompida. Esses princípios estão ligados à vida humana, estão na base do Mal, na base do heroísmo ou da santidade. Mas o pensamento de Sartre não compreende isso.[36] Por uma outra razão,

---

[35] Trata-se do *serial killer* Fritz Haarmann (1879-1925), conhecido como açougueiro ou vampiro de Hanôver (e que inspirou, entre outros, o filme de Fritz Lang *O vampiro de Dusseldorf*). (N.T.)

[36] Lembro de uma discussão, após uma conferência, ao longo da qual Sartre me censurou ironicamente por utilizar a palavra "pecado": eu não era crente, e, aos

esses princípios caem diante da desmesura de Genet. Eles supõem, com efeito, uma medida (uma hipocrisia) que Genet recusa. O atrativo da irregularidade mantém o da regra. Mas, na medida em que Armand o seduziu, Genet se privou de um e de outro: só restou o interesse. A argumentação de Sartre reencontra um sentido diante dessa avidez de delito. A vontade de Genet não é mais a vontade furtiva de um sujeito qualquer (de um pecador qualquer), que uma irregularidade mínima aplaca: ela exige uma negação generalizada dos interditos, uma busca pelo Mal levada a cabo sem limitação, até o momento em que, todas as barreiras derrubadas, chegamos à completa degradação. Genet está a partir de então na inextricável dificuldade que Sartre viu muito bem: já não tem mais nenhum motivo para agir. O atrativo do pecado é o sentido de seu frenesi, mas se ele nega a legitimidade do interdito, se o pecado lhe falta? Se ele falta, "o Mau trai o Mal", e "o Mal trai o Mau", um desejo de Nada que não quis aceitar nenhum limite é reduzido à vã agitação. O que é vil é glorificado, mas o *parti pris* do Mal se tornou vão: aquilo que se quis Mal não é mais que uma espécie de Bem, e já que seu atrativo derivava de seu poder de aniquilar, não é mais nada no aniquilamento completo. A maldade queria "transformar o máximo de ser possível em Nada. Mas como seu ato é *realização*, acontece ao mesmo tempo que o Nada se metamorfoseia em Ser e que a soberania do mau vira escravidão".[37] Em outras palavras, o Mal se tornou um dever, o que o Bem é. Um enfraquecimento ilimitado começa; ele irá do crime desinteressado ao cálculo mais baixo, ao cinismo aberto da traição. Nenhum interdito lhe dá mais o sentimento do interdito, e, na insensibilidade dos nervos que o toma, ele acaba de soçobrar. Nada lhe restaria se ele não mentisse, se um artifício literário não lhe permitisse fazer valer a outros olhos aquilo cuja mentira ele reconheceu. No horror de não ser mais enganado, ele desliza para esse último recurso, enganar outrem, a fim de poder, se possível, enganar a si mesmo por um instante.[38]

---

olhos dele, o uso que eu fazia dela era ininteligível. [Bataille se refere à "Discussion sur le péché" durante a qual Sartre lhe objetou: "Eu queria saber por que Bataille se serve da palavra 'pecado' e se ele não poderia sustentar as mesmas ideias sem a noção de pecado que me parece referir-se a valores que, de outra parte, ele rejeita". *Œuvres complètes*, t. VI, p. 343. (N.E..)]

[37] SARTRE. *Saint Genet, comédien et martyr*, p. 221.

[38] Em *Critique*, após um asterisco, a primeira parte do artigo terminava assim: "Esse julgamento se atenua pelo fato de que a servidão não é menos inumana que o desabamento. Mas isso não poderia nos impedir de demonstrar que a literatura resultante dessa mentira não é aquilo que veem nela Sartre e seus amigos: ela nos propõe um desabamento sem verdade e sem força, dissimulado por uma poesia

A comunicação impossível

O próprio Sartre apontou uma estranha dificuldade na base da obra de Genet. Genet, que escreve, não tem nem o poder nem a intenção de *comunicar* com seus leitores. A elaboração de sua obra tem o sentido de uma negação daqueles que a leem. Sartre viu isso sem tirar a conclusão: que, nessas condições, essa obra não era realmente uma obra, mas um *Ersatz*, a meio caminho dessa *comunicação* maior a que a literatura pretende. A literatura é comunicação. Ela parte de um autor soberano, para além das servidões de um leitor isolado, e se dirige à humanidade soberana. Se é assim, o autor nega a si mesmo, nega sua particularidade em proveito da obra, nega ao mesmo tempo a particularidade dos leitores em proveito da leitura. A criação *literária* – que só é literária na medida em que participa da poesia – é essa *operação soberana*, que deixa subsistir, como um instante solidificado – ou como uma sequência de instantes –, a *comunicação*, liberada, na espécie da obra, mas ao mesmo tempo da leitura. Sartre sabe disso (mas parece, não sei por que, associar unicamente a Mallarmé, que o exprimiu claramente, o universal primado da comunicação sobre os seres que comunicam): "Em Mallarmé", diz Sartre, "leitor e autor se anulam ao mesmo tempo, extinguem-se reciprocamente para que, finalmente, só o Verbo exista".[39] Não direi: "em Mallarmé"; direi: "em toda a parte onde a literatura é manifesta". Seja como for, mesmo se uma absurdez aparente resulta da operação, o autor estava ali para se suprimir em sua obra e dirigia-se ao leitor, que lia para se suprimir (se quisermos: por meio dessa supressão de seu ser isolado, tornar-se soberano). Sartre, um bocado arbitrariamente, fala de uma forma de comunicação sacra, ou poética, em que assistentes ou leitores "se sentem transformados em coisa".[40] Se

---

pomposa ou pelos jogos de uma provocação desesperada. Mas eis já 30 anos que estamos acostumados com insolências decepcionantes... O interesse de Genet é outro, mais profundo, mais terrificante, ele é grande o bastante para impedir que nos deixemos enganar. A partida de Sartre também é pesada, e jogada com suficiente rudeza para nos obrigar a segui-la para além das facilidades".

[39] SARTRE. *Saint Genet, comédien et martyr*, p. 509, nota 2.

[40] SARTRE. *Saint Genet, comédien et martyr*, p. 508. Sartre, a esse propósito, não deixa de dar uma excelente definição do sagrado: "o subjetivo se manifestando no e pelo objetivo, pela destruição da objetividade". De fato, a comunicação, de que a operação sacra é a forma suprema, incide necessariamente sobre coisas, mas negadas, mas destruídas como tais: as coisas sagradas são subjetivas. Sartre comete

há comunicação, a pessoa a quem se dirige a operação, em parte, no instante, transforma-se ela mesma em comunicação (a mudança não é nem completa nem duradoura, mas, a rigor, *tem lugar*, senão não há comunicação); de todo modo, a comunicação é o contrário da *coisa*, que se define pela possibilidade de ser isolada. Mas, com efeito, não há comunicação entre Genet e seus leitores através de sua obra, e, apesar disso, Sartre garante que essa obra é válida: aproxima a operação a que ela se reduz da sacralização e da criação poética. Genet se teria feito, segundo Sartre, "sagrar pelo leitor". "Para dizer a verdade", acrescenta ele logo a seguir, "este não tem consciência dessa sagração."[41] Isso o leva a postular que "o poeta [...] exige ser reconhecido por um público que ele não reconhece". Mas não há deslize aceitável: chego a dizer com firmeza que a operação sacra, ou a poesia, é comunicação ou não é nada. A obra de Genet, o que quer que se possa dizer que mostre seu sentido, não é imediatamente nem sacra nem poética, porque o autor a recusa à comunicação.

A ideia de comunicação é difícil de apreender em todo o possível que ela designa. Eu me esforçarei mais adiante para tornar sensível uma riqueza de que é comum nunca se ter consciência, mas quero desde o início insistir no fato de que a ideia de comunicação, que implica a dualidade, melhor, a pluralidade daqueles que comunicam, exige, nos limites de uma comunicação dada, sua igualdade. Não apenas Genet não tem a intenção de comunicar quando escreve, mas também, mesmo na medida em que, fosse qual fosse sua intenção, uma caricatura ou um *Ersatz* de comunicação se estabelecesse, não adiantaria, pois o autor recusa a seus leitores essa similitude fundamental que o vigor de sua obra teria a chance de revelar. "Seu público", escreve Sartre, "rebaixa-se diante dele, aceitando reconhecer uma liberdade que sabe muito bem não reconhecer a sua." O próprio Genet se situa, se não acima, fora daqueles que são chamados a lê-lo. Ele previne,

---

o engano de deslizar para representações dialéticas sem sistema dialético, de modo que interrompe a cada instante, arbitrariamente, a torrente dialética que colocou em jogo. Não deixa por isso de ser profundo, mas frustra. Seria possível abordar uma realidade tão escorregadia quanto o sagrado se não a ligássemos ao lento movimento que engloba a uma só vez nossa vida e a vida histórica? Ele deslumbra, mas não resta do deslumbramento mais que uma verdade que deve ser contestada, e *lentamente* digerida. Suas sacadas são sempre significativas, mas nunca fazem mais que abrir o caminho.

[41] SARTRE. *Saint Genet, comédien et martyr*, p. 508.

antecipando-se, o possível desprezo (que, no entanto, raramente seus leitores manifestam): "Reconheço", diz ele, "aos ladrões, aos traidores, aos assassinos, aos velhacos uma beleza profunda – uma beleza em baixo-relevo – que vos recuso".[42] Genet desconhece qualquer regra de honestidade: não formulou o propósito de zombar de seu leitor, mas na verdade zomba. Isso não me ofende, mas entrevejo a extensão incerta onde se desfazem os melhores movimentos de Genet. É em parte o erro de Sartre tomá-lo ao pé da letra. Só raramente podemos – em caso de temas lancinantes – nos apoiar naquilo que ele diz. Mesmo então, devemos nos lembrar da indiferença com que ele fala ao acaso, sempre pronto a nos enganar. Chegamos a esse "largai tudo"[43] das regras da honestidade a que *dadá* não pôde chegar, pois a honestidade de *dadá* exigia que nada jamais tomasse um sentido, que rapidamente uma proposição, que parecia coerente, perdesse uma aparência enganosa. Genet nos fala uma vez de um "adolescente [...] honesto o bastante para se lembrar de que Mettray era um paraíso".[44] Não podemos negar um caráter patético a esse uso aqui da palavra "honesto": a casa de correção de Mettray era um inferno! à dureza da direção somavam-se as violências dos "colonos" entre si. O próprio Genet tem a "honestidade" de reivindicar esses reformatórios como o lugar onde encontrou o prazer infernal que fez deles um paraíso para ele. Mas a casa de correção de Mettray não era muito diferente do presídio de Fontevrault (onde Genet justamente reencontrou o "adolescente" de Mettray): o povoamento de ambos era praticamente o mesmo. Ora, Genet, que frequentemente exaltou as prisões, e aqueles que as frequentam, acaba por escrever[45]: "Despida de seus ornamentos sagrados, vejo a prisão nua, e sua nudez é cruel. Os detentos não são mais que pessoas com os dentes roídos pelo escorbuto, curvadas pela doença, cuspindo, pigarreando, tossindo. Vão do dormitório à oficina em enormes tamancos pesados e sonoros, arrastam-se sobre

---

[42] GENET, *Journal du voleur*, p. 117.

[43] Bataille volta e meia faz referências implícitas a este "poeminha-conselho" de André Breton, publicado em 1922: "Largai tudo./Largai Dadá./Largai vossa mulher, largai vossa amante./Largai vossas esperanças e vossos temores./Semeai vossos filhos no canto de um bosque./Largai a presa pela sombra./Largai, se preciso for, uma vida folgada, o que vos dão por uma situação de futuro./Parti pelas estradas". (N.T.)

[44] GENET. *Miracle de la rose,* p. 220.

[45] GENET. *Miracle de la rose,* p. 208.

chinelas de pano, rasgadas e duras graças à crosta de sebo que a poeira formou com o suor. Fedem. São covardes diante de guardas tão covardes quanto eles. Não são mais que a ultrajante caricatura dos belos criminosos que eu via quando tinha 20 anos, e, daquilo que se tornaram, jamais desvelarei o suficiente as taras, as feiuras, a fim de me vingar do mal que me fizeram, do tédio que me causou sua inigualável imbecilidade." A questão não é saber se o testemunho de Genet é verídico, mas se ele fez obra literária, no sentido em que a literatura é poesia, em que profunda, não apenas formalmente, ela é sagrada. Acredito dever insistir para esse fim na intenção informe de um autor que nunca é levado senão por um movimento incerto, ao menos por um movimento desde sempre dissociado, tumultuoso, mas, no fundo, indiferente, incapaz de chegar à intensidade da paixão, que impõe, no instante, a plenitude da honestidade.

O próprio Genet não duvida de sua fraqueza. Fazer obra literária só pode ser, acredito, uma *operação soberana*: isso é verdade no sentido de que a obra exige do autor que supere nele a pessoa pobre, que não está no nível de seus momentos soberanos; o autor, dito de outro modo, deve buscar pela e em sua obra aquilo que, negando seus próprios limites, suas fraquezas, não participa de sua *servidão* profunda. Ele pode então negar, por uma reciprocidade inatacável, esses leitores sem o pensamento dos quais sua obra não teria podido sequer existir, pode negá-los na medida em que ele próprio se negou. Isso significa que, diante da ideia desses seres indecisos *que ele conhece*, tornados pesados pelo servilismo, ele pode desesperar da obra que escreve, mas sempre, para além deles mesmos, esses seres reais o reenviam à humanidade nunca cansada de ser humana, que nunca se subordina até o fim, e que sempre triunfará sobre esses *meios* de que ela é o *fim*. Fazer obra literária é virar as costas para o servilismo, como para toda diminuição concebível, é falar a linguagem soberana que, vindo da parte soberana do homem, dirige-se à humanidade soberana. Obscuramente (muitas vezes até de uma maneira oblíqua, embaraçada de pretensões) o amador de literatura pressente essa verdade. O próprio Genet a percebe, ele que esclarece[46]: "A ideia de uma obra literária me faria dar de ombros". É nos antípodas de uma representação ingênua da literatura, que pode ser tida por pedante, mas que, apesar de seu caráter inacessível, é válida universalmente, que a atitude de Genet se situa. Não

---

[46] GENET. *Journal du voleur,* p. 115.

que devamos nos deter quando lemos: "escrevi para ganhar dinheiro". O "trabalho de escritor" de Genet é um dos mais dignos de atenção. Genet anseia pela soberania. Mas não viu que a soberania exige o impulso do coração e a lealdade, porque é dada na comunicação. A vida de Genet é um fracasso, e, sob as aparências de um sucesso, o mesmo se dá com suas obras. Elas não são servis, estão acima da maior parte dos escritos tidos por "literários": mas não são soberanas, já que se furtam à exigência elementar da soberania: a lealdade de última instância sem *a qual* o edifício da soberania se desfaz. A obra de Genet é a agitação de um homem suscetível, de que Sartre pôde dizer[47]: "se o encurralarem demais, ele cairá na gargalhada, confessará sem dificuldade que se divertiu às nossas custas, que só quis nos escandalizar ainda mais: se resolveu batizar Santidade essa perversão demoníaca e sofisticada de uma noção sagrada", etc.

O fracasso de Genet

A indiferença de Genet à comunicação está na origem de um fato comprovado: suas narrativas interessam, mas não *apaixonam*. Nada mais frio, menos tocante, sob o cintilante desfile das palavras, que a passagem tão gabada em que Genet relata a morte de Harcamone.[48] A beleza dessa passagem é a beleza das bijuterias, ela é rica demais e de um mau gosto bastante frio. Seu esplendor lembra as ofuscações que Aragon prodigava nos primeiros tempos do surrealismo: mesma facilidade verbal, mesmo recurso às facilidades do escândalo. Não creio que esse tipo de provocação vá um dia deixar de seduzir, mas o efeito de sedução está *subordinado* ao interesse de um sucesso exterior, à preferência por um falso semblante, mais rapidamente sensível. Os servilismos na busca desses êxitos são os mesmos no autor e nos leitores. Cada um por seu lado, autor e leitor evitam o dilaceramento, o aniquilamento, que a comunicação soberana é, limitam-se um e outro aos prestígios do êxito.

Esse aspecto não é o único. Seria vão querer reduzir Genet ao partido que ele soube tirar de seus dons brilhantes. Na base, houve nele um desejo de insubordinação, mas esse desejo, por profundo que fosse, nem sempre triunfou no trabalho do escritor.

---

[47] SARTRE. *Saint Genet, comédien et martyr*, p. 225.

[48] No final do *Miracle de la rose*.

O mais notável é que a solidão moral – e a ironia – em que ele se atola o mantiveram fora dessa soberania perdida cujo desejo o engajou nos paradoxos de que falei. Com efeito, a busca da soberania pelo homem que a civilização alienou, por um lado, está na base da agitação histórica (quer se trate de religião, quer de luta política, empreendida, segundo Marx, em razão da "alienação" do homem); a soberania, por outro lado, é o objeto que se furta sempre, que ninguém capturou, e que ninguém capturará, por esta razão definitiva: que não podemos possuí-la como um objeto, que somos reduzidos a buscá-la. Um peso aliena sempre no sentido da utilidade a soberania proposta (até os soberanos celestes, que, no entanto, a imaginação poderia ter liberado de toda servidão, subordinam-se a fins úteis). Na *Fenomenologia do espírito,* Hegel, desenvolvendo a dialética do *amo* (do senhor, do soberano) e do *escravo* (do homem subordinado ao trabalho), que está na origem da teoria comunista da luta de classes, leva o escravo ao triunfo, mas sua aparente soberania não é mais, então, que a vontade autônoma da servidão; a soberania não tem para ela mais que o reino do fracasso.

Assim, não podemos falar da soberania falha de Jean Genet como se uma soberania real se opusesse a ela, da qual seria possível mostrar a forma consumada. A soberania a que o homem nunca cessou de pretender nunca foi mesmo acessível, e não temos razão para pensar que se tornará um dia. À soberania de que falamos, é-nos possível tender... ao sabor do instante, sem que um esforço semelhante ao que fazemos racionalmente para nos sobreviver tenha o poder de nos aproximar dela. Nunca podemos *ser* soberanos. Mas sentimos a diferença entre os momentos em que a chance nos carrega e, divinamente, ilumina-nos com os clarões furtivos da comunicação, e aqueles momentos de desgraça em que o pensamento da soberania nos leva a tentar capturá-la como um bem. A atitude de Genet, cioso de dignidade régia, de nobreza e de soberania no sentido tradicional, é o sinal de um cálculo condenado à impotência. Que se pense naqueles, que até hoje são legião, que fazem da genealogia sua ocupação eletiva. Genet tem sobre eles a vantagem de uma atitude ao mesmo tempo caprichosa e patética. Mas há a mesma falta de jeito no erudito deslumbrado pelos títulos e em Genet quando escreve estas linhas, que se referem ao tempo de suas vagabundagens na Espanha[49]:

---

[49] GENET. *Journal du voleur,* p. 184-185.

"Nem os federais nem os agentes das polícias municipais me paravam. O que viam passar não era mais um homem, e sim o curioso produto do infortúnio, ao qual não se podem aplicar as leis. Eu tinha ultrapassado os limites da indecência. Eu teria podido, por exemplo, sem causar espanto, receber um príncipe de sangue, grande de Espanha, nomeá-lo meu primo e lhe falar a mais bela linguagem. Isso não teria surpreendido.

"– Receber um grande de Espanha. Mas em que palácio?

"Para vos fazer compreender melhor a que ponto eu tinha atingido uma solidão que me conferia a soberania, se utilizo esse procedimento de retórica, é porque sou forçado a fazê-lo por uma situação, um êxito que se exprimem com as palavras encarregadas de exprimir o triunfo do século. Um parentesco verbal traduz o parentesco de minha glória com a glória nobiliária. Parente dos príncipes e dos reis eu o era por uma sorte de relação secreta, ignorada pelo mundo, aquela que permite a uma pastora tutear um rei da França. O palácio de que falo (pois isso não tem outro nome) é o conjunto arquitetural das delicadezas, cada vez mais tênues, que o trabalho do orgulho obtinha sobre minha solidão."

Somando-se a outras, já citadas, essa passagem não esclarece apenas a preocupação dominante de alcançar a parte soberana da humanidade. Ela sublinha o caráter humilde e calculador dessa preocupação, subordinada àquela soberania cuja aparência era outrora historicamente tida por real. Sublinha ao mesmo tempo a distância que separa o pretendente designado por sua piolheira dos êxitos superficiais dos grandes e dos reis.

Consumação improdutiva e sociedade feudal

Sartre não desconhece a fraqueza de Genet, que é a de não ter o poder de comunicar. Representa Genet condenado a se querer um *ser*, um objeto apreensível para ele mesmo, análogo às coisas, não à consciência – que é sujeito, e por isso não pode, sem se arruinar, olhar para si mesma como uma coisa. (Do início ao fim de seu estudo, não para de insistir nisso.) Genet está ligado a seus olhos a essa sociedade feudal cujos valores obsoletos não cessam de se impor a ele. Mas essa última fraqueza, longe de levar Sartre a duvidar da autenticidade do escritor, proporciona-lhe um meio de defendê-lo. Ele não diz textualmente que só a sociedade feudal, a sociedade do passado, fundada na propriedade fundiária – e na guerra –, é culpada, mas Genet lhe parece justificado diante dessa sociedade arcaica, que precisou dele, de seus malfeitos e de seu infortúnio para responder à sua propensão a desperdiçar (para realizar esse fim que é a destruição dos bens, a consumação). O único erro de Genet é o de ser moralmente a criatura dessa sociedade, que não está morta, mas condenada (que está apenas em vias de desaparecimento). É de todo modo o erro da sociedade que está envelhecendo em vista da sociedade nova, que tenta sobrepor-se a ela politicamente. Sartre desenvolve geralmente a oposição entre a sociedade condenável, que é a "sociedade de consumação", e a sociedade louvável, que ele deseja, que é a "sociedade de produtividade", que corresponde ao esforço da URSS.[50] O que equivale a dizer que o Mal e o Bem estão ligados ao nocivo e ao útil. Bem entendido, muitas consumações são mais úteis que nocivas, mas não são puras consumações, são consumações produtivas, que estão nos antípodas desse espírito feudal de consumação pelo gosto de consumir que Sartre condena. Sartre cita Marc Bloch,[51] falando de "uma singular competição de desperdício de que foi palco um dia uma grande 'corte' em Limousin. Um cavalheiro manda semear com moedinhas de prata um terreno previamente lavrado, outro queima círios para cozinhar; um terceiro, por jactância, ordena que queimem vivos todos os seus cavalos".[52] Diante desses fatos, a reação de Sartre não causa surpresa: é a indignação comum que tem geralmente por objeto toda consumação que uma utilidade não justifica. Sartre não compreende que, justamente, a consumação inútil se opõe à produção como o soberano ao subordinado, como a

---

[50] Sobre essa oposição, ver entre outras, as páginas 112-116 e, sobretudo, 186-193 de SARTRE. *Saint Genet, comédien et martyr*. Embora essas ideias estejam próximas das que eu mesmo exprimi em *A parte maldita*, diferem delas essencialmente (eu coloquei o acento na necessidade do gasto e no contrassenso da produtividade tomada como fim). Devo dizer, no entanto, que o valor reconhecido como sendo o privilégio da sociedade de produtividade, e a sociedade de consumação vista como insustentável, não representa a tal ponto o julgamento necessário e definitivo de Sartre que ele não possa empregar, 150 páginas adiante (p. 344), por duas vezes, a expressão "sociedade de formigas" para designar evidentemente essa "sociedade de produtividade" que antes pintara como um ideal. O pensamento de Sartre é mais flutuante do que parece às vezes.

[51] BLOCH, Marc. *La Société féodale*. Citado em SARTRE. *Saint Genet, comédien et martyr*, p. 186-187. [Edição portuguesa: *A sociedade feudal*. Tradução de Emanuel Lourenço Godinho. Lisboa: Edições 70, 2009.]

[52] Sartre teria encontrado em *La Part maudite* outros exemplos de um impulso cuja universalidade demonstrei.

liberdade à servidão. Ele condenará sem hesitar aquilo que deriva da soberania, cujo caráter "fundamentalmente" condenável eu próprio admiti. Mas, e a liberdade?

A liberdade e o Mal

Revelar o Mal na liberdade está nos antípodas de uma maneira de pensar convencional, conformista e tão geral que sua contestação parece inconcebível. Sartre negará com toda a força que a liberdade deva necessariamente ser o Mal. Mas ele dá à "sociedade de produtividade" o valor, antes de ter reconhecido sua natureza relativa: no entanto, esse valor é relativo à consumação, essencialmente mesmo à consumação improdutiva, ou seja, à destruição. Se buscamos a coerência dessas representações, logo surge que a liberdade, mesmo uma vez reservadas relações possíveis com o Bem, está, como Blake diz de Milton, "do lado do demônio sem o saber". O lado do Bem é aquele da submissão, da obediência. A liberdade é sempre uma abertura à revolta, e o Bem está ligado ao caráter fechado da regra. O próprio Sartre chega a falar do Mal em termos de liberdade: "nada do que *é*", diz ele,[53] falando, a propósito de Genet, "da 'experiência do Mal' pode me definir ou me limitar; entretanto, existo, serei o sopro gelado que aniquilará toda vida. Portanto, estou *acima* da essência: faço o que quero, faço-me o que quero". Em todo caso, ninguém pode ir – como Sartre aparentemente quer fazer – da liberdade à concepção tradicional do Bem conforme ao útil.[54]

Só há uma via que leva da recusa da servidão à livre limitação do humor soberano: essa via, que Sartre ignora, é a via da *comunicação*. É apenas se a *liberdade, a transgressão dos interditos* e a *consumação soberana*

---

[53] SARTRE. *Saint Genet, comédien et martyr*, p. 221. É Sartre quem sublinha.

[54] A dificuldade maior que Sartre encontrou em seus estudos filosóficos certamente se deve à impossibilidade para ele de passar de uma moral da liberdade à moral comum, que liga os indivíduos entre si num sistema de obrigações. Só uma moral da comunicação – e da lealdade –, fundada pela comunicação, supera a moral utilitária. Mas, para Sartre, a comunicação não é um fundamento; se ele vê sua possibilidade é através de uma visão primeira da opacidade dos seres uns para os outros (para ele, o ser isolado é fundamental, não a multiplicidade dos seres em *comunicação*). Por isso ele nos faz esperar uma obra sobre a moral anunciada desde a guerra. Só o honesto e imenso *Saint Genet* poderia nos dar uma ideia do estado desse trabalho. Mas o *Saint Genet*, de uma riqueza espantosa, é o contrário de uma culminação.

são consideradas na forma como são dadas de fato que se revelam as bases de uma moral à altura daqueles que a necessidade não inclina inteiramente e que não querem renunciar à plenitude entrevista.

A comunicação autêntica, a impenetrabilidade de tudo "o que é" e a soberania

O interesse da obra de Jean Genet não vem de sua força poética, mas do ensinamento que resulta de suas fraquezas. (Da mesma forma, o valor do ensaio de Sartre decorre menos de uma perfeita iluminação que de uma obstinação em buscar lá onde reina a obscuridade.)

Há nos escritos de Genet não sei o quê de frívolo, de frio, de friável, que não necessariamente impede a admiração, mas que suspende o acordo. O acordo, o próprio Genet o recusaria, se, por um erro indefensável, quiséssemos estabelecê-lo com ele. Essa comunicação que se furta quando o jogo literário traz sua exigência pode deixar uma sensação de dissimulação, e pouco importa se o sentimento de uma falta remete em nós à consciência da fulguração que a comunicação autêntica é. Na depressão resultante dessas trocas insuficientes, em que uma divisória de vidro é mantida, que nos separa, a nós leitores, desse autor, tenho esta certeza: a humanidade não é feita de seres isolados, mas de uma comunicação entre eles; nunca somos dados, nem a nós mesmos, senão numa rede de comunicações com os outros: banhamonos na comunicação, somos reduzidos a essa comunicação incessante de que, até no fundo da solidão, sentimos a ausência, como a sugestão de possibilidades múltiplas, como a espera de um momento em que ela se dissolve num grito que outros escutam. Pois a existência humana não é em nós, nesses pontos onde periodicamente ela se ata, senão linguagem gritada, espasmo cruel, risada louca, em que o acordo nasce de uma consciência enfim partilhada[55] da impenetrabilidade de nós mesmos e do mundo.

A comunicação, no sentido em que gostaria de entendê-la, de fato nunca é mais forte que no momento em que a comunicação em

---

[55] Cuja partilha é ao menos possível. Devo deixar de lado aqui o aspecto mais profundo da comunicação que está ligado à significação paradoxal das lágrimas. Observarei, no entanto, que as lágrimas sem dúvida representam o ápice da emoção comunicativa e da comunicação, mas que a frieza de Genet está nos antípodas desse momento extremo.

sentido fraco, a da linguagem profana (ou, como diz Sartre, da prosa, que nos torna para nós mesmos – e que torna o mundo – aparentemente penetráveis), revela-se vã, e como que uma equivalência da noite. Falamos de diversas maneiras para convencer e buscar o acordo.[56] Queremos estabelecer humildes verdades que coordenem nossas atitudes e nossa atividade com as de nossos semelhantes. Esse incessante esforço que visa a nos situar no mundo de uma maneira clara e distinta seria aparentemente impossível se não estivéssemos *desde sempre* ligados pelo sentimento da *subjetividade comum*, impenetrável para si mesma, para a qual é impenetrável o mundo dos objetos distintos. A todo custo, devemos apreender a oposição entre dois tipos de comunicação, mas a distinção é difícil: elas se confundem na medida em que o acento não é posto na comunicação forte. O próprio Sartre criou uma confusão a esse respeito: ele bem que viu (e insiste sobre isso em *A náusea*) o caráter impenetrável dos objetos: os objetos não comunicam conosco em medida alguma. Mas ele não situou de maneira precisa a oposição entre o objeto e o sujeito. A subjetividade é clara a seus olhos, ela é aquilo que é claro! Por um lado, ele me parece inclinado a minimizar a importância dessa inteligibilidade dos objetos que percebemos nos fins que lhes damos e em seu uso para esses fins. Por outro, sua atenção não incidiu suficientemente sobre esses momentos de uma subjetividade *que, sempre e imediatamente, nos é dada na consciência das outras subjetividades*, em que a subjetividade justamente aparece ininteligível, relativamente à inteligibilidade dos objetos usuais e, mais geralmente, do mundo objetivo. Essa aparência, ele não pode evidentemente ignorá-la, mas ele se desvia dos momentos em que temos igualmente a náusea dela, porque, no instante em que a ininteligibilidade nos aparece, ela apresenta, por sua vez, um caráter insuperável, um caráter de escândalo. Aquilo que é, em última instância, para nós, é escândalo, a consciência de ser é o escândalo da consciência, e não podemos – inclusive não devemos – nos espantar com isso. Mas não podemos nos contentar com palavras vagas: o escândalo é a mesma coisa que a consciência, uma consciência sem escândalo é uma consciência alienada, uma consciência, a experiência o demonstra, de objetos claros e distintos, inteligíveis ou tidos como tais. A passagem do inteligível ao ininteligível, àquilo que, não sendo mais cognoscível, de repente não nos parece mais tolerável, certamente

---

[56] Ver SARTRE. *Saint Genet, comédien et martyr*, p. 509.

está na origem desse sentimento de escândalo, mas se trata menos de uma diferença de nível que de uma experiência dada na comunicação maior dos seres. O escândalo é o fato – *instantâneo* – de que uma consciência é consciência de uma outra consciência, é olhar de um outro olhar (ela é, dessa maneira, íntima fulguração, afastando-se daquilo que normalmente prende a consciência à inteligibilidade duradoura e apaziguadora dos objetos).

Quem me acompanhou vê que existe uma oposição fundamental entre a *comunicação fraca*, base da sociedade profana (da sociedade ativa – no sentido em que a atividade se confunde com a produtividade), e a *comunicação forte*, que abandona as consciências refletindo-se uma à outra, ou umas às outras, a esse impenetrável que é o "em última instância" delas. Vê-se, ao mesmo tempo, que a comunicação forte é primordial, é um dado simples, aparência suprema da existência, que se revela a nós na multiplicidade das consciências e em sua comunicabilidade. A atividade habitual dos seres – o que chamamos "nossas ocupações" – os separa dos momentos privilegiados da comunicação forte, que são fundados pelas emoções da sensualidade e das festas, pelo drama, pelo amor, pela separação e pela morte. Esses momentos não são eles próprios iguais entre si: frequentemente, buscamo-los por eles mesmos (ao passo que só têm sentido no instante e que é contraditório tentar fazê-los voltar); podemos chegar a eles com a ajuda de pobres meios. Mas não importa: não podemos prescindir da reaparição (mesmo que ela seja dolorosa, dilacerante) do instante em que sua impenetrabilidade se revela às consciências que se unem e se interpenetram de uma maneira ilimitada. Melhor trapacear com vistas a não ser definitiva, ou demasiado cruelmente, dilacerados: mantemos com o escândalo que a todo custo queremos suscitar – e de que, não obstante, tentamos escapar – um laço indefectível, mas o menos doloroso possível, na espécie da religião ou da arte (da arte que herdou uma parte das potências da religião). A questão da *comunicação* é sempre colocada na expressão literária: de fato, esta é poética ou não é nada (não é mais que a busca de acordos particulares, ou o ensinamento de verdades subalternas que Sartre designa ao falar de prosa).

A soberania traída

Não há nenhuma diferença entre a comunicação forte assim representada e o que chamo de soberania. A comunicação supõe, *no instante*, a soberania daqueles que comunicam entre si, e, reciprocamente, a soberania supõe a comunicação; ela é, em intenção, comunicável, senão não é soberana. É preciso insistir em que a soberania é sempre comunicação, e que a comunicação, no sentido forte, é sempre soberana. Se nos atemos a esse ponto de vista, a experiência de Genet é de um interesse exemplar.

Para dar o sentido dessa experiência, que não é apenas a de um escritor, mas a de um homem que transgrediu todas as leis da sociedade – todos os interditos sobre os quais a sociedade se funda –, terei de partir de um aspecto propriamente humano da soberania e da comunicação. Na medida em que difere da animalidade, a humanidade decorre da observação de interditos, entre os quais alguns universais; tais são os princípios que se opõem ao incesto, ao contato com o sangue menstrual, à obscenidade, ao assassinato, ao consumo da carne humana; em primeiro lugar, os mortos são o objeto de prescrições que variam com o tempo e os lugares, às quais ninguém deve contravir. A comunicação ou a soberania são dadas no plano de vida determinado pelos interditos comuns (aos quais se somam localmente numerosos tabus). Essas diversas limitações se contrapõem, sem dúvida alguma, ainda que em diferentes graus, à plenitude da soberania. Não podemos nos surpreender se a busca da soberania se liga à infração de um ou vários interditos. Fornecerei como exemplo o fato de que no Egito o soberano era isento da proibição do incesto. Da mesma forma, a operação soberana que o sacrifício é tem um caráter de crime; executar a vítima é agir de encontro a prescrições válidas em outras circunstâncias. De modo mais geral, no "tempo soberano" de uma festa, condutas contrárias às leis do "tempo profano" são admitidas ou exigidas. Assim, a via de criação de um elemento soberano (ou sagrado) – de um personagem institucional ou de uma vítima oferecida à consumação – é uma negação de um desses interditos cuja observação geral faz de nós seres humanos em vez de animais. Isso quer dizer que a soberania, na medida em que a humanidade se esforça em direção a ela, exige que nos situemos "acima da essência" que a constitui. Isso quer dizer também que a comunicação maior só pode ocorrer sob uma condição: que recorramos ao Mal, ou seja, à violação do interdito.[57]

---

[57] Voltei várias vezes ao tema essencial do interdito e da transgressão. A teoria da transgressão se deve, em seu princípio, a Marcel Mauss, cujos ensaios dominam

O exemplo de Genet corresponde exatamente à atitude clássica na medida em que ele buscou a soberania no Mal, e que o Mal, de fato, forneceu-lhe aqueles momentos vertiginosos em que parece que em nós o ser está desconjuntado, e em que, embora sobreviva, ele escapa da essência que o limitava. Mas Genet se recusa à comunicação.

É por se recusar à comunicação que Genet não atinge o momento soberano – em que ele cessaria de reconduzir tudo a suas preocupações de ser isolado, ou, como diz Sartre, de simplesmente "ser"; é na medida em que se abandona *sem limite* ao Mal que a comunicação lhe escapa. Tudo se esclarece neste ponto: o que atola Genet se deve à solidão em que ele se encerra, em que aquilo que subsiste dos outros é sempre vago, indiferente: é, numa palavra, que ele faz em seu solitário *proveito* o Mal a que recorreu a fim de existir soberanamente. O Mal que a soberania exige é necessariamente limitado: a própria soberania o limita. Ela se opõe àquilo que a subordina na medida em que ela é comunicação. Opõe-se a isso com aquele movimento soberano que exprime um caráter sagrado da moral.

Admito que Genet quis se tornar *sagrado*. Admito que nele o *gosto* pelo Mal foi além da preocupação com o interesse, que ele quis o Mal como um valor espiritual e que conduziu sua experiência sem fraquejar. Nenhum motivo vulgar daria conta de seu fracasso, mas como numa prisão melhor trancada que as prisões reais uma sorte nefasta o trancou nele mesmo, no fundo de sua desconfiança. Jamais ele se entregou sem reticências aos desarrazoados movimentos que harmonizam os seres

---

atualmente a evolução da sociologia. Marcel Mauss, pouco inclinado a dar uma forma definitiva a seu pensamento, limitou-se a exprimi-lo episodicamente em seus cursos. Mas a teoria da transgressão foi objeto da exposição magistral de um de seus alunos. Ver CAILLOIS, Roger. *L'Homme et le sacré*. Edição aumentada com três apêndices sobre o Sexo, o Jogo e a Guerra em suas relações com o Sagrado. Paris: Gallimard, 1950. [Edição portuguesa: *O homem e o sagrado*. Tradução de Geminiano Cascais Franco. Lisboa: Edições 70, 1963.] Infelizmente, a obra de Caillois não tem ainda a autoridade que merece, principalmente no exterior. No presente livro, mostrei que a oposição entre a transgressão e o interdito não dominava menos a sociedade moderna que a primitiva. Logo ficará claro que a vida humana, em todos os tempos e em todas as suas formas, ao mesmo tempo que é fundada sobre o interdito, que a opõe à vida animal, fora do domínio do trabalho, está votada à transgressão, que decide da passagem do animal ao homem. (Ver a exposição que fiz desse princípio em *Critique*, n. 111-112, ago.-set. 1956, p. 752-764.) [Bataille se refere ao artigo "Qu'est-ce que l'histoire universelle?" (O que é a história universal), *Œuvres complètes*, t. XII, p. 414-436. (N.E.)]

em virtude de uma grande desordem, mas que só os harmonizam sob esta condição, que não reste neles um olhar de suspeita, preso à diferença entre si mesmo e os outros. Sartre falou de maneira notável dessa tristeza sorrateira que amarra Genet.

Uma admiração literária, em parte exagerada, não impediu Sartre – inclusive permitiu que o fizesse – de exprimir sobre Genet juízos cuja severidade, temperada por uma simpatia profunda, é muitas vezes mordaz. Sartre insiste neste ponto: Genet, agitado pelas contradições de uma vontade votada ao pior, embora busque "a impossível Nulidade",[58] acaba por reivindicar o *ser* para sua existência. Ele quer *apreender* sua existência, ele precisa chegar ao *ser*, precisa atribuir a si mesmo o *ser* das *coisas*... Seria preciso que essa existência "pudesse ser sem ter de jogar seu ser: *em si*".[59] Genet quer se "petrificar em substância", e, se é verdade que sua busca visa, como diz Sartre, a esse ponto, que Breton definiu nesta fórmula, uma das melhores aproximações da soberania, "de onde a vida e a morte, o real e o imaginário, o passado e o futuro, o comunicável e o incomunicável, o alto e o baixo cessam de ser percebidos contraditoriamente", isso não pode se dar sem uma alteração fundamental. De fato, Sartre acrescenta: "o surreal, Breton espera, se não 'vê-lo', ao menos se confundir com ele numa indistinção em que visão e ser não fazem mais que um". Mas "a santidade de Genet" é "o surreal de Breton apreendido como o reverso inacessível e *substancial* da existência",[60] é a soberania *confiscada*, a soberania morta, daquele cujo desejo solitário de soberania é traição da soberania.

---

[58] A expressão é de Genet, citada por Sartre (SARTRE. *Saint Genet, comédien et martyr*, p. 226). A meu ver, a busca da "impossível Nulidade" é a forma que tomou em Genet a busca pela soberania.

[59] SARTRE. *Saint Genet, comédien et martyr*, p. 226. É Sartre quem sublinha.

[60] SARTRE. *Saint Genet, comédien et martyr*, p. 229-230. Uma palavra sublinhada por mim.

Coleção FILÔ

A filosofia nasce de um gesto. Um gesto, em primeiro lugar, de afastamento em relação a certa figura do saber, a que os gregos denominavam *sophia*. Ela nasce, a cada vez, da recusa de um saber caracterizado por uma espécie de acesso privilegiado a uma verdade revelada, imediata, íntima, mas de todo modo destinada a alguns poucos. Contra esse tipo de apropriação e de privatização do saber e da verdade, opõe-se a *philia*: amizade, mas também, por extensão, amor, paixão, desejo. Em uma palavra: Filô.

Pois o filósofo é, antes de tudo, um *amante* do saber, e não propriamente um sábio. À sua espreita, o risco sempre iminente é justamente o de se esquecer daquele gesto. Quantas vezes essa *philia* se diluiu no tecnicismo de uma disciplina meramente acadêmica e, até certo ponto, inofensiva? Por isso, aquele gesto precisa ser refeito a cada vez que o pensamento se lança numa nova aventura, a cada novo lance de dados. Na verdade, cada filosofia precisa constantemente renovar, à sua maneira, o gesto de distanciamento de si chamado *philia*.

A coleção FILÔ aposta nessa filosofia inquieta, que interroga o presente e suas certezas; que sabe que as fronteiras da filosofia são muitas vezes permeáveis, quando não incertas. Pois a história da filosofia pode ser vista como a história da delimitação recíproca do domínio da racionalidade filosófica em relação a outros campos, como a poesia e a literatura, a prática política e os modos de subjetivação, a lógica e a ciência, as artes e as humanidades.

A coleção FILÔ pretende recuperar esse desejo de filosofar no que ele tem de mais radical, através da publicação não apenas de clássicos da filosofia antiga, moderna e contemporânea, mas também de sua marginália; de textos do cânone filosófico ocidental, mas também daqueles textos fronteiriços, que interrogam e problematizam a ideia de uma história linear e unitária da razão. Além desses títulos, a coleção aposta também na publicação de autores e textos que se arriscam a pensar os desafios da atualidade. Isso porque é preciso manter a verve que anima o esforço de pensar filosoficamente o presente e seus desafios. Afinal, a filosofia sempre pensa o presente. Mesmo quando se trata de pensar um presente que, apenas para nós, já é passado.

Série FILÔ/Bataille

O pensamento não respeita fronteiras disciplinares. Georges Bataille é um dos autores que habitam essa espécie de lugar sem-lugar. Sua obra atravessa soberanamente as fronteiras entre filosofia, literatura, antropologia social, marxismo, história, crítica de arte, economia. Aqui, a extrema liberdade de pensamento responde à liberdade de movimento do próprio mundo.

Sua vasta obra nos oferece ferramentas capitais para a compreensão de nosso tempo. Para Bataille, o excesso, ou o dispêndio improdutivo, é primeiro em relação aos modos de produção e de circulação dos bens. O luxo, os jogos, os espetáculos, os cultos, a atividade sexual desviada de sua finalidade natural, as artes, a poesia são diferentes manifestações desse excesso, dessa soberania do inútil.[1] Não por acaso, Bataille fornece elementos fundamentais para a compreensão de uma categoria maior do pensamento do século XX, o conceito de gozo, realização daquele princípio da perda, ou dispêndio incondicional. Se é verdade que *A noção de dispêndio* (retomado em *A parte maldita*) é o primeiro texto em que Bataille ensaia o que podemos chamar de uma "arqueologia do gozo", é, com efeito, em *O erotismo* que esse projeto encontra seu auge. As principais linhas de força literárias, antropológicas e filosóficas traçadas em suas obras anteriores se cruzam nesse texto de referência. Não por acaso, Foucault afirma que Bataille é "um dos escritores mais importantes de seu século". E também do nosso.

---

[1] Cf. TEIXEIRA, Antônio. *A soberania do inútil*. São Paulo: Annablume, 2007.

Imagens utilizadas na capa:

Emily Brontë: *Retrato de Patrick Branwell Brontë (1817-1848), óleo sobre tela (c. 1833). Disponível em: <http://goo.gl/4IVn2p>. Domínio público, via Wikimedia Commons.*

Charles Baudelaire: *Foto de Etienne Carjat (1828-1906). Domínio público, via Wikimedia Commons.*

Jules Michelet: *Retrato de Thomas Couture (1815-1879), óleo sobre tela (1850-1879), 183 x 132 cm, Museu Carnavalet, Paris. Domínio público, via Wikimedia Commons.*

William Blake: *Retrato de Thomas Phillips (1770-1845), óleo sobre tela (c. 1807), 921 mm x 720 mm, National Portrait Gallery, Londres. Domínio público, via Wikimedia Commons.*

Marquês de Sade: *Retrato de Charles-Amédée-Philippe van Loo (1719-1795), gravura (1760). Domínio público, via Wikimedia Commons.*

Marcel Proust: *Foto de Otto Wegener (1849-1924), detalhe, 1895. Domínio público, via Wikimedia Commons.*

Franz Kakfa: *Fotógrafo anônimo (o autor nunca revelou sua identidade), conforme indicado por omissão de referência no Archiv Frans Wagenbach 1958. Disponível em: <http://goo.gl/xpDYJ8>. Domínio público, via Wikimedia Commons.*

Jean Genet: *Por International Progress Organization (http://i-p-o.org/genet.htm) [CC BY-SA 3.0 (http://creativecommons.org/licenses/by-sa/3.0)], via Wikimedia Commons.*

Este livro foi composto com tipografia Bembo Std e impresso
em papel Off-White 70 g/m² na Formato Artes Gráficas.